U0069840

思想觀念的帶動者

文化現象的觀察者

本土經驗的整理者

生命故事的關懷者

{ PsychoAlchemy }

啟程，踏上屬於自己的英雄之旅
外在風景的迷離，內在視野的印記
回眸之間，哲學與心理學迎面碰撞
一次自我與心靈的深層交鋒

Inner Work:
Using Dreams and Active
Imagination for Personal Growth

與內在對話
夢境・積極想像・自我轉化

羅伯特・強森（Robert A. Johnson）——著

徐碧貞——譯

I

導論：無意識及其語言

無意識的覺醒

一天早上，有個女人一如往常地上車，開了好幾哩路前往辦公室。一路上，她的想像力開展精彩的冒險之旅：她看見自己身處遠古時代，是個生活在戰亂及征戰年代的單純女子。後來她成為女英雄，憑藉力量及犧牲拯救了她的子民，遇見一位愛她的堅強、高貴的王子。

　　想像全盤佔據了她的心思，她就這樣開過數條街道，在每個紅燈前停車，在每個轉彎處打了方向燈，安全地抵達辦公室的停車場。當她回過神後，發現自己竟然記不得是怎麼來到辦公室的，她完全想不起來自己過了哪個街口或是在哪裡轉了彎。她飽受驚嚇，問自己：「我是如何在完全不自覺的情況下開了這麼長的一段路？我的心飛到哪兒去了？當我在做夢神遊時，到底是誰在開車？」不過因為過去曾經發生過相同的情況，她把這個問題暫時擱下，朝辦公室走去。

　　她坐在辦公桌前開始計畫今天的工作行程，但是被一個同事給打斷了。這位同事就像是一陣颶風般瘋狂掃過她的辦公室，把她先前傳閱的備忘錄重重丟下，因為某些他不贊同的小事而大發雷霆。她被這一幕給嚇壞了，他的憤怒和事件的嚴重程度完全不成比例！這到底是怎麼一回事？

　　他，聽見自己的咆哮後，反過來覺察到自己小題大作。出於羞愧感，他低聲道歉之後就離開了。回到辦公室時，他問自己：「我是被什麼上身了？發生了什麼事？我通常不會因為小事而發火。這完全不像**我**！」他只感覺內在湧起一股怒意，跟朋友所傳閱的備忘錄一點關係都沒有，但卻因為這件小事而浮出檯面。這份怒意從何而來，他自己也不清楚。

如果這兩個人有時間想想這整件事，他們或許會發現自己在當天早上就已經感受到無意識的存在，透過每天起起落落的日常生活事件，我們得以經驗到無意識在各自身上引發的行為反應。

　　有時候無意識會與意識心智一起作用，當意識心智專注在其他事物時，無意識會接手駕駛，就如同前文中女子的經驗，「自動駕駛」開過幾個街口。某個片刻，意識心智在他處忙著，而無意識心智就會接手我們手邊正在進行的事：讓我們在紅燈前停下，在綠燈時發動車子，遵守各項規則，直到意識心智回到此時此刻。這雖然不是最安全的開車方式，但是無意識的確提供一個優良且重要的內建備用系統，而且常常被我們視為理所當然。

　　有時候，無意識會產生充滿象徵意象的鮮明幻想，全面占領意識心智，長時間盤據我們的注意力。冒險、危險、英勇犧牲，以及愛戀等幻想內容，讓女子在上班路途中為之著迷，這就是無意識入侵意識心智，試圖表現的主要例子：透過**想像**的方式，運用情感充沛的意象的象徵語言。

　　我們經驗無意識的另一個方式就是透過突然興起的情緒反應，那些令人費解的歡愉或是非理性的氣憤，突然間侵入了意識心智，接手掌控。從意識心智的角度而言，這如洪水般的感受可說是毫無道理可言，因為並不是意識心智製造出來的。前文描述的男子無法解釋自己表現出來的反應強度，他問自己：「發生了什麼事？」他覺得心中的憤怒是來自自身**之外**的。有那麼一刻，他覺得這一切「不像自己」。事實上，如此失控的情緒表現，真真切切是從某部分的他而來的，來自於他的意識心智所無法看見的內在深處。正因為這般隱晦未見，這個內在之地才被稱為「無意識」。

無意識的概念來自於人類對於日常生活的單純觀察：多數時候，我們並沒有覺察到內心的某些事物。有時候我們發現了某個記憶、愉悅的念頭、完美的點子及一種信念等，在非預期的狀況下從未知之處慢慢浮現。我們覺得內心某處其實有很長的一段時間都帶著這些念頭，但是到底是在內心的哪個地方？它是我們整體心靈內未知的部分，同時也在意識心智範疇之外。

　　無意識是個奇妙的宇宙，包含著我們內在不可見的能量、力量、智能表現，甚至是各式**人格**，比我們大多數人所能了解的來得更大更廣，對照我們日復一日的生活日常，它有著自有的完整生命，我們多數的想法、感受及行為，私底下都是源於無意識，它對我們的影響往往出乎意料之外，也因此更顯重要。

　　當我們聽見**無意識**這個詞時，多數人都會有直覺感受，知道它意味著什麼。我們會將心中的想法連結上日常形形色色的經驗，無論是大事或是小事都交織在一起。我們都有過這樣的經驗，當我們的心思飛到「別處」時，下意識做出某事，之後又對自己所做的事驚訝不已。我們也能記起自己在某次談話中激動說出強烈的意見，那些我們內在所有但沒有意識到的想法。

　　有時候，我們會訝異：「發生了什麼事？我並不清楚自己對於那件事有如此強烈的感受。」當我們能夠更敏銳覺知無意識所浮現的能量時，就能學會問自己：「是**哪部分**的我相信那一點？為什麼這個議題會引發那部分未被看見的我如此強烈的反應？」

　　我們能夠學習更近一點看看這個議題，那個「席捲我的」是一股突然侵入的無意識能量。如果我認為這不像「自己」，那是因為我沒有理解到「自己」也包括我的無意識。我們身上隱藏的這些部

分，有著強烈的感受，同時想要有所表現。然而，除非我們學習做**內在工作**，否則這些部分就是隱藏在我們的意識底下。

有時候，這些掩藏起來的人格令人難堪或是帶著暴力，一旦表現出來時，我們會覺得好丟臉。在其他時候，我們對於這些未知的內在力量及良好特質是有所覺察的，我們利用這些潛藏的資源做出平常做不到的事，說出一些遠比過往所能給出的更清晰又聰慧的觀點，表現出從未洞悉的內在智慧，展現我們不清楚自己擁有的慷慨及體悟。這些林林總總的例子都會讓人驚訝：「我不是我原先所以為的我，我有著未知但又屬於我的正面及負面特質。」這些特質就在無意識裡頭，那兒是「眼不見的，心不念」。

我們並不僅僅是我們所覺知到的「我」。在任何時刻，我們的意識心智只能專注在整體存有中有限的部分。儘管我們試圖有自知之明，在無意識的巨大能量系統中，仍然只有小部分被併入意識心智或是在意識層面運作。因此，我們必須學習如何進入無意識，同時樂於接受無意識的訊息，這是發掘自身未知部分的唯一可行方式。

進入無意識：無論是自願或非自願

象徵語言是無意識表現自己的方式。我們並非只透過非自願或是衝動的行為而看見無意識，還有另外兩個自然**通渠**得以讓我們橋接與無意識的間隙，並與之對話：一是透過**夢境**，另一個則是透過**想像**。這兩個高度精煉的溝通管道都是從心靈發展出來的，無意識及意識層次因此能夠相互對話、共同工作。

無意識發展出在夢境及想像中所使用的特殊語言，也就是象徵的語言。我們將會看到，所謂的內在工作主要就是學習無意識的象徵語言的這門藝術。因此，我們會將多數的時間放在研究夢境、想像及象徵主義的運用上。

　　無意識的溝通企圖，多數都不為我們所覺察。無意識會在夢境中浮上表面，但是鮮少有人有足夠的資訊嚴肅看待自身的夢境、了解夢境的語言。無意識的活動在想像運作時也很明顯。迸發的幻想就如同泡泡般，飄過意識心智的場域，我們幾乎不會注意到；真實的幻想洪流經常捕獲許多人，如同流水一樣流過心智的邊緣地帶。我們以為是自己「在想」，或是以為是自己「在計畫」，但是更常見的狀況是，我們在做白日夢，在幻想泉流中失神了好幾分鐘，之後才回過神來回到周遭的環境、回到手邊的工作，以及正在和我們說話的人身上。

　　想要真的理解我們是誰，想要成為更完整且整合的人類，我們必須進入無意識，與之溝通。我們自身及人格中的許多決定性特質，很大部分是包含在無意識當中。唯有進入無意識，我們才有機會成為覺知、完整、完滿的人類。榮格說過，當我們透過進入無意識並學習其象徵語言，我們得以活出更豐富更充實的生命，我們開始與無意識相伴而生，而非受其施捨或是與之不斷交戰。

　　然而，多數人並非出於自願進入無意識，而是當無意識成了麻煩之後才開始覺察到無意識的存在。現代人失去了與內在世界的接觸，我們與內在世界之所有有所交集幾乎都是因為心理受了苦。舉例而言，一個女子以為事事都在自己的掌握之下，但卻發現自己極度憂鬱，既無能擺脫也無法理解自己到底是怎麼了；又或者是一

個男人發現自己的生活與深藏內在、從未檢視的無意識意念格格不入，他覺得被兩邊拉扯或是感到憂心忡忡，但怎麼都無法解釋這到底是怎麼一回事。

當我們經驗到自身無法解決的莫名衝突，當我們開始覺察到內在那些看似不合理的、原始的以及帶有破壞性的衝動，當我們因為意識到態度與本能自性矛盾而遭受精神官能症狀之苦時，我們就會開始明白無意識在生活中佔有一席之地，明白我們必須正視這一點。

從歷史的角度而言，正因為這樣的病理表現，也就是個案的心理苦痛，那源自意識與無意識之間關係瓦解所造成的苦難，榮格及佛洛伊德重新發現了無意識的存在。

榮格對無意識的觀點

榮格發現無意識不僅僅是意識心智的附屬物，換句話說不只是遺忘的記憶或是那些被壓抑的不愉快感受。他對無意識提出了一個非常重要的假設，以至於西方世界至今仍然沒有完全領會這個假設的含義。他指出無意識是創意的泉源，從中衍生出單一個體的意識心智及整體人格。正是這些出自於無意識的原始素材，讓我們的意識心智得以發展、成熟，並擴展成包含內在所有的潛在特質。也正是這個珍寶，讓我們得以憑藉這些未察覺但是與生俱有的優點及特質而顯豐饒。

榮格讓我們看見意識及無意識心智在整體自性的平衡上所扮演的關鍵角色。當兩者無法維持平衡時，就會導致精神官能症或是其

他的失調。

意識的發展

　　榮格的研究及臨床工作讓他得出結論，無意識是我們人類整體意識的真正源頭所在；無意識是人類在秩序思維、推理、人類覺知及感受等能力的根源所在；無意識是人類的**原初心智（Original Mind）**，是我們的物種發展出意識心智的原始基礎，接續千年的發展而達到今日我們所擁有的細緻程度。我們的每項能力、意識運作的每個特質，最初都是包含在無意識當中，之後才從那兒找到浮出意識層面的路徑。

　　榮格針對人類意識能力、其角色及意義發展出令人讚嘆的觀點，他看見在自然中所運作的創意力，透過無垠萬古的宇宙而孕育誕生出這份我們稱之為意識的稀有特質。經由人類這個種族，自然的巨大無意識心靈得以緩慢地讓當中某些部分變成意識。榮格相信神及所有的造物者是隨著時間的孕育將意識覺知帶入宇宙當中，而人類該扮演的角色就是推動演化繼續向前進。

　　人類的意識是從無意識的原初物質中發展而來的，透過將無意識內容緩慢提升到意識層面而得到持續滋養，然後成長，其目的在於形成一個更完整、更有意識覺知的個體。無意識素材的納入必須持續進行，直到最後意識心智能夠反映整體自性的全貌。

　　榮格相信每個人在這個演化的過程中有各自的角色功能。因為集體人類的意識能力是從無意識心靈演化而成，個體也是如此。我們必須在各自的人生中再次重複人類種族的演化歷程，每一個人都

需要成為個別的容器，帶著意識的演化繼續向前進。

我們每個人都是實現宇宙歷程的縮影，因此會落入無意識內含物邁入意識心智層面的運行歷程。我們每個人都會步入自我－心智反向運行回到無意識的歷程，再次連結起生命原初的父母根源。

存在我們無意識之內的是原始模式，也可以說是藍圖；我們的意識心智及整體的人格功能都是根據這份藍圖成形，打從出生開始，年復一年持續歷經緩慢的心理成長，以朝向真誠的內在成熟。這個模式，這個眼所不見的矩陣式能量，包含了組成整體心理存有的所有特質、所有優勢、所有缺陷，以及一切基本的架構及成分。

在我們大多數人身上，這個原始能量倉庫中只有少部分成分得以同化進入意識人格當中，這個原始藍圖中只有少部分得以在意識層面實踐。

個體內在的無意識模式就如同一座教堂的草圖：首先，當這個草圖被轉譯為有形的實體時，只有概略輪廓可見。一段時間之後，實際結構的一小部分完成，足以暗示藝術成品最後的樣貌。幾年過去，一磚砌上一磚之後，宏偉建築聳立眼前，直到嵌入最後一塊磚，完工。唯有在那一刻才能顯現出建築物的華麗景象。

相同的，每一個個體人類的真正深度及高度，唯有當人格的主要成分從無意識潛能層面移轉，並在意識作用層面實踐時，才是完全體現。

我們每個人都在建造人生、建造宏偉建築物，每個人內在的藍圖及基本架構都奠基在無意識深處，因而需要向無意識諮詢、與之合作，以實踐與生俱有的完整潛能，而我們也需要面對伴隨內在成長歷程而來的挑戰及痛苦改變。

處在無意識當中的自我

　　無意識是一個巨大的能量場，遠較意識心智來得廣大。榮格將自我，也就是意識心智比作是無意識巨大海洋上載浮載沉的軟木，也將意識心智比喻為浮在水面上的冰山尖頂，冰山有百分之九十五都是隱藏在闇黑的結冰水面之下。無意識就像是冰山的絕大部分一樣，是眼所不見的，但是卻有著無比巨大的力量，它的危險度就跟看輕水底深處的冰山是一樣的。與無意識擦撞而沉入水中的人要遠比鐵達尼號與冰山擦撞後沉入水中的人來得多。

　　自我一詞，在拉丁文中意味著「我」。佛洛伊德與榮格將意識心智稱為自我，因為這是心靈中自稱為「我」的那部分，也就是「自知」，覺知自身是個存有，一個獨立且自外於他者的能量場。當我們說「我」時，所指的只有自身覺知的那個小部分的自己。我們認為「我」只包括在自我眼界範圍浮現在表面的**這個**人格、**這些**特質、**這些**價值及觀點，是意識可及的。這正是針對「我」是誰的偏限版本，也是極度不正確的版本。

　　自我心智並沒有察覺到整體的「我」遠比自我來得更大更深刻，也沒有察覺到藏在無意識之內的心靈遠比意識心智來得更浩瀚更強大。

　　我們的自我傾向於認為無意識是在自身之外，即使無意識實際上就在我們的深層內在，這就是為什麼我們會聽到人們說出「當時的我一點都不像是我」這樣的話。當我們發現自己做出非預期的事情，而那些事情並不符合意識認知的自己時，我們以為彷彿是他人的作為而不是自己。意識心智嚇到了，因為它假定無意識是不存

在的。正因為整體心靈遠比自我心智所能理解的來得更巨大、更複雜，這些非預期的事物總讓人覺得彷彿是來自我們自身之外，而不是出自自己身上。

在夢境及神話當中，意識心智經常象徵性地表現為一座島嶼，就好比是島國世界中的島國人民，為自己設立了一個小世界、一個規則系統，以及對於現實的假設。我們的自我並沒有意識到在所屬的小島界限之外，在狹隘的視野邊緣之外，有片無意識的大海包含著整個宇宙現實及真實，這是我們的自我所無法覺察的。

在這個眼所不見的能量深海處，巨大的力量運作著，傳說中的亞特蘭提斯這個神話王國就是一個象徵，屹立於海底深處，也平行於意識心智的每日日常生命。與此不同的意識、不同的價值、態度及意念等中心也在那兒，好比汪汪大洋中的其他島嶼，等待探索中的意識心智發現及認可。

學習與無意識工作的目的，並非只在於解決我們的衝突或是處理我們的精神官能症狀，而是我們可以發現更新、成長、力量及智慧的深刻泉源，我們得以與發展中的特質根源建立連結，得以與帶出整體自性的歷程相互合作，得以學習接觸到那些在內在等著我們的豐沛能量及智慧。

無意識與內在生命

榮格所描述的**內在生命**是我們每個人的祕密生命，那些日夜陪伴著我們眼所不見的無意識內在自性。當人類生命處於平衡狀態，意識心智與無意識就是互有關連的存在。每當它們在夢境、靈境、

儀式及想像的國度中相遇時，能量與訊息在這兩個層次之間不斷流動。

當代世界遭遇的災難就是意識心智完全從無意識根源中分裂時所導致的。為我們的祖先帶來滋養的無意識互動形式，像是夢境、靈境、儀式及宗教經驗等，我們幾乎全都失去了，被現代心智中的原始或是迷信等概念所打發掉。因此，出於你我的自尊及傲慢，出於自身憑藉的無懈可擊的理智信念，我們將自己從無意識的源頭、從自身最深刻的部分切割出來。

在當代的西方社會中，我們甚至完全無視內在生命地過日子。我們表現得彷彿沒有無意識、靈魂是不存在的，彷彿我們可以完全只專注在外在的物質世界過日子。我們試圖以外在的方式來處理生命的所有議題，賺更多的錢、獲取更大的權力、開始一段愛情，或是在物質世界中「有所成就」，但出乎意料之外的，內在世界才是我們最終必須面對的現實。

榮格觀察到，現代生活中大部分的精神官能症狀、分崩離析的感受及虛無飄渺的意義感都是肇因於自我心智自絕於無意識之外。身為意識的存有，我們依稀感覺失去了部分的自己，某些原本屬於我們的什麼，不見了。

當我們自絕於無意識之外就等於是自絕於靈魂、自絕於精神生命之外，隨之而來的結果就是失去宗教生活，因為我們是在無意識中找尋個人對神的認知，以及**對於神靈的經驗**。宗教的功能，也就是我們生來對於意義及內在經驗的渴求，連同其他的內在生命都一起被切斷了。最後只能透過那些逼得我們不得不關注的精神官能症狀、內在衝突及心理症狀等，**強行**回到我們的生命中。

多年前，我受邀到一間羅馬天主教神學院演講。在最後一刻，我興起一股惡作劇的衝動，把演講主題定為「將你的精神官能症視為低層次的宗教經驗」。顯然的，這場演講深深震撼了在場的會眾。我收到排山倒海而來的提問，熱烈討論；我還史無前例地提高音量，這個主題所碰觸到的痛處是無庸置疑的。聽到我說如果我們不進入神靈，那麼神靈就會以精神官能症狀的方式進入我們，現場的人們莫不感到震驚，這是當代心理與宗教兩者之間最即時且實際的連結。

我們每個人都需要以某種形式活出內在生命，無論是有意識或是無意識，出於自願或是非自願，內在的世界勢必會找上我們、向我們追討。假定我們能帶著意識進入那個範疇，那也就是透過我們的**內在工作**，像是禱告、冥想、夢境工作、儀式，以及積極想像（Active Imagination）等方式。如果我們試圖忽視內在世界，誠如多數人所做的，無意識會找到方法透過病理進入我們的生命，像是心身症症狀、強迫行為、憂鬱、精神官能症等症狀。

個體化的歷程

個體化（Individuation）一詞是榮格用來指稱成為你我生來就注定要成為的完整人類的一生歷程。個體化意指覺醒於整體的自性，允許意識人格發展成包括所有在前意識層中與生俱有的基本元素，也就是我們先前提過的「藍圖的實踐」。

為什麼稱作「個體化」？因為這個自我實現，以及變成更完整的歷程本身，同時揭示了個人的獨特性及個體的架構。它指出普世

的人類特質及潛能是如何透過不同於其他人的方式而結合在每個個體身上。

榮格強調每個人心理架構的獨特性。因此，他為這個歷程所賦予的名稱並非偶然，它反應出榮格的信念，認為當人愈能夠面對無意識，同時將無意識的內含物與意識心智的內容加以結合，就愈能認知到自己的獨特個體性。

同時，個體化並非意味著將自己孤立於人類族群之外。舉凡我們對於身為個體更感安心、內在更完整時，自然就會尋求各式各樣的方式來看見我們與其他人的相似性，亦即在價值觀、興趣等，特別是那些將我們連繫上人類種族，專屬於人類的特質。假使我們能更仔細地檢視，我們會看見你我的個體性都是以特有的方式組成，亦即我們結合了所有人類共有的普世心理模式及能量系統。榮格將這些模式稱之為**原型**（archetypes）。

既然原型本是普世共有，存於每個人的無意識當中，但是原型的組成有著無限的變異性，以創造出個別人類心靈。我們或許可以將原型與人類的生理身體相比較，就某方面而言，我們的身體和所有其他人類的身體組成都是相同的，我們都有雙手、雙腳、心臟、肝臟及皮膚等，這些都是人類種族的共有特徵。然而，如果拿我的指紋或是髮絲和其他人對照，沒有兩個人是完全相同的。

同理，人類種族的普世心理能量及能力在我們每個人身上的組成表現都是不同的。每個人都有獨有的心理架構，唯有活出那個與生俱來的架構，個體才能發現身為人的意義為何。

假若我們開始針對個體化下工夫，我們會看見自身俱有的意念和價值，與從周遭世界所吸收的社會觀點之間的差別。我們能夠停

止將自身視為不過是社會或一小圈子人們當中的附屬品，我們可以學到我們擁有自身的價值、自己的生活方式，這一切都是從天生本質中自然發展出來的。

藉由這個個體化歷程，我們得以發展出強大的安全感。人們開始了解自己並不需要掙扎於成為像其他人一樣，因為透過成為自己，我們就站在不容置疑的位置。我們理解，對自我的全然認識、發展天生內建的優勢是一輩子的課題，我們不需要模仿其他人的人生，也不需要進一步假裝成為他人，因為我們自身擁有的就已經夠富有了，遠較我們期待擁有的來得豐饒。

內在工作：探尋無意識

本書的目的在於提供實際、逐步的方式進行內在工作，你將看到針對夢境工作及積極想像的四步驟方法。此外，在這趟探索之旅中，我們也會談及如何運用儀式及幻想進入無意識。

　　我將這些技術稱作「內在工作」，因為這些都是進入無意識的內在世界時直接且強大的方式。嘗試內在工作，我們可以獲取對內在深層意識的覺知，邁向整體自性的整合。

　　因此，無論理論層次如何複雜，實際可用的方式是必需的。即便我們都接觸過好些心理學的理論，卻少有人知道如何開始真正地與夢境和無意識工作。我們的能量常常就停在起始的地方，也就是理論層次，無法轉譯到與內在自我具體、當下的交集。

　　在心靈的世界，其實是透過你的**工作**來建立意識，而非理論想法。如果我們進入自身的夢境，真誠地與在夢中找到的象徵工作，不管我們對於涉及的心理理論有多少認知，通常都能習得大部分所需要的對於自身的認識及生命的意義。

　　內在工作的重點在於建立意識。學習進行內在工作，你會對人生所呈現的衝突及挑戰有所洞察，你能夠探詢自己的無意識深處，進一步發現在那兒等待被發掘的能力及資源。

　　事實上，任何能夠讓我們的心智對無意識訊息開啟的冥想方式都能稱作「內在工作」。人類已經發展出各式進入內在世界的方法，每一個都融入了一個階段的歷史、文化、宗教，或是我們與精神關係的觀點，像是：瑜珈冥思、禪宗的打坐、基督教的默觀祈禱、由耿稗思（Thomas à Kempis）及聖依納爵・羅耀拉（Ignatius of Loyala）所倡導的退修默想基督生平、蘇菲冥想，以及孔孟哲學中的道德省思等。

榮格觀察發現，澳洲原住民有**三分之二的**清醒時間是用在某種形式的內在工作上。他們舉行宗教儀式、討論解讀夢境、探詢精神，以及「走入叢林，以傳統方式生活」（go walkabout[1]）等等。這些始終如一的嘗試是致力於進入內在生活、夢境的國度、圖騰及神靈領域，也就是接觸無意識。我們現代人幾乎沒有辦法在一星期中找到幾小時奉獻給內在世界，這說明了為什麼我們有了所有的科技，相較於原始人類，我們對於靈魂及神的認識卻不多。

　　但是，我們與原住民之間有另一個基本的差別：他們得以保持古老形式的崇拜，以及進入內在世界的方法。當他們選擇進入精神，以有序的方法追尋靈性，以既定的方式了解夢境及靈境，也有固有的儀式與魔法界或是聖壇上的諸神見面。對我們而言，大多數的老方法都遺失了。我們若想要再次學習走進夢的國度、與偉大的神靈溝通，就必須重新學習如何進入自身的夢境、如何從無意識能量再次點燃古老之火，如何再度喚醒已長久遺忘的部落記憶。我們必須找尋如同榮格一般的現代薩滿，才能找到現代心智所能理解的進入靈魂的方式。

　　我們即將探索的內在工作形式是根據榮格的教導及見解。當然，夢的工作本身是來自於榮格的夢境分析，這涉及學習閱讀夢境中的象徵語言。積極想像則是使用想像力量的特殊方式，發展出意識心智與無意識兩者之間的工作關係。榮格將這個古老的歷程重新建構為現代人可以使用的一項技術。

　　積極想像並不等同於當今某些「意象訓練」（visualization）的技術，運用這類技術時，人們心中有個目標、想像某件事物。積極想像並沒有腳本，與無意識之間有著全然不同的關係，主要是奠基

在認知無意識的真實及力量。在積極想像中，你進入無意識，找尋裡頭有什麼，學習它能提供給意識心智的東西。無意識並非某種可以人為操弄以配合意識心智之目的的事物，而是一個平等立場的夥伴，可以相互對話，達成真正的成熟。

許多人都知道無意識是透過夢境來與我們的意識心智溝通，許多人也學過如何解讀夢境的理論，但是大部分的人試圖與自身獨有的夢境工作時就無所適從了，看看這個熟悉的場景：我帶著鮮明的夢境醒來，決定要「自己試試」，我盡責的在筆記本上寫下夢境，坐下來「解讀」。突然間，腦袋一片空白，我問自己：「我該做什麼？從哪裡開始？」我張大眼盯著紙頁，這個夢如果不是一目了然，就是完全沒有意義可言。

有時候，我們嘗試找尋對於夢境意象的聯想，卻會失去耐性，覺得自己不得要領，因此決定改天再回頭試一次，可是到了那時候又有其他事務纏身。

在我早年的工作，我發現這是個案及朋友普遍面臨的問題，不知怎的，無論讀了多少有關夢境象徵的理論，一旦打算立即與夢境實地工作時，就是會卡住。人們會帶著記錄著滿滿夢境的筆記本來到諮商室，當我問他們從夢中學到什麼，他們說：「我不懂它在說什麼。當我接受分析的這一小時，我們可以從夢境中得到許多發現，可是，當我自己一個人坐下來對夢境工作時，卻什麼都看不見，也不知道要從哪開始。」

如何從自己的夢境開始工作，這不僅僅是一般非專業人士獨有的問題，也是多數心理治療師面對的問題。當我針對個案的夢境工作時，也許靈光乍現，但是如果是針對自己的夢工作，我的腦袋就

　　　　　　　　　　　　　　與內在對話：夢境・積極想像・自我轉化

短路了。這是很正常的，因為每個夢都傳達出做夢者的意識所不知道的訊息，因此，我們需要努力嘗試，擴展自己的能耐，才能了解夢境到底在說什麼。如果夢境的詮釋得來太容易，通常不太可能是正確或是深刻的。

為了回應這個實務上的需求，我開始發展出你將在本書看見的和夢境工作的四步驟，目的在於提供一個方法讓人們自己解讀夢境。大部分的人需要先學習如何進入自身的夢境和無意識，以獲取內在的自信。但是，在達到這一點之前，我們需要可以開始的實務方法，包括一連串的生理及心理步驟，好讓我們接近夢境，進而將之分解為象徵，探索這些象徵帶給我們的意義。

自從幾年前，當我和個案共同發展出四步驟方法時，我觀察到若能確實使用這個方法，大多數人都能夠獲得自身夢境的真正本質，並且正確又精準地解讀。他們終於發現夢境的本質或是主要能量，而這才是至關重要的。

然而，過度涉入理論反而會成為夢境工作的主要障礙：

一個醫生必須熟悉所謂的「方法」。但他必須警惕，謹防掉入特定、一成不變的方法。總而言之，一個人必須小心理論的各種假設，今天它們可能是正確的，明天卻可能變成其他假設的反面了。……在我看來，在與個體打交道時，只有了解他才會有用。對於每一個個案，我們都需要使用不同的語言，在進行這次分析時，我可能用阿德勒的語言，在另一次分析時，我可能又用佛洛伊德的語言說話了。

——榮格，《榮格自傳：回憶・夢・省思》繁體中文版，頁 180[2]。

我從榮格所言得到勇氣，我告訴我的個案，不要信奉抽象的概念，而是相信自己的無意識、自己的夢境。如果你能從自己的夢境中學習，就和它們一起工作。與自身夢境的象徵意象一起生活，彷彿它們就是你日常生活中有形實存的同伴。如果你做得到，就會發現它們真的就是你內在世界的同伴。

分析與回家作業

如果你正在接受正式的分析，本書並不旨在取代分析師對你的幫助及導引，而是幫助你的回家作業。你應該與分析師討論你在書中發現的方法，並在使用這些技術時遵循分析師給你的建議。

能夠從分析中獲得最多的，是那些每天都做家庭作業的人，這些人在工作、經過部分消化後，將夢境、幻想素材及積極想像等帶去給治療師。如此一來，分析的一小時就能用在已經下過功夫的內容，進一步將其提煉、擴大。分析師也可以盡可能地運用個案的時間，幫助對方加快步伐、有所進展。

在沒有分析師的情況下工作

如果沒有分析師的幫忙，你可能會疑惑自行與夢境工作，或是使用其他內在工作的技巧時到底是不是正確。我相信你能夠放心地進行，也能從學習這些方法的過程中得到助益，只有一個附帶條件要注意：**你必須遵守預防措施。**

當你閱讀其他章節時，你會看見我提出的一些警告，以及讓

你避免陷入麻煩的一些建議，請務必正視遵循這些警語。你必須了解，接近無意識時，你所面對的是人類經驗中最強大、最自主的力量之一。內在工作的技巧在於啟動無意識的強大力量，就像是移開噴泉的蓋子，如果你不夠小心的話，事情就會失控。如果你沒有嚴肅看待這個過程，或是當成娛樂，你可能會傷害自己。

　　你必須特別謹慎使用積極想像。除非身邊有熟悉這門技巧的人，否則不該練習，因為當你被內在世界的力量席捲而不知所措時，這個人會知道如何將你帶回現實地表。只要我們遵循規則，運用常識，積極想像就是安全的，但是也有可能進入過深，感覺自己過度沉入無意識。你的助手可以是你的分析師或是有過積極想像經驗的非專業人士，重要的是當你失去軸心時，有個可以呼喚的朋友在身邊。

　　上述種種都不應該成為你進行內在工作的阻礙，只要我們留意普世的法則：任何能夠帶出益處的強大力量，一旦誤用，也會造成破壞。如果我們想要與內在世界的強大力量密切共處，就必須尊敬這些力量。

1　譯註：Walkabout 是澳洲原住民的成年禮儀式，青春期男孩在邁向成年之際，會有一段時間進入曠野生活，透過省思自身與大地的關係而達到靈性轉化以進入成年期。

2　原註：本書原文全以 MDR（*Memories, Dreams and Reflections*）這個縮寫來代表《榮格自傳：回憶‧夢‧省思》一書。榮格的其他著作則以 CW（*Collected Works*）的縮寫來代表《榮格全集》。縮寫字母前為冊數，之後為段落數。為了盡可能減少註腳，文章內的引文皆只會標記作者的姓氏及簡略標題。完整的文獻資訊可在參考書目中找到。編註：本段引自 Jung, *MDR*, p.131。全書引用若使用繁體中文版翻譯，將於引用末處補上原文出處，以便有需要的讀者查找原文。

另類真實：夢的世界
與想像國度

我們的口語模式會洩漏許多自動化假設：假若某人與朋友討論夢境，朋友很可能會問「這些細節**真的**發生了？還是只在夢中出現」之類的問題。這類問句暗示夢中發生的一切並不是**真的**。事實上，更精確的問法應該是：「這是發生在**夢境現實**或是在有形現實中？在夢的世界或是平常世界？」

　　這兩者都是真實的世界，也是真正存在的現實。但是夢的世界，假若我們真的明白，遠較外在事件對我們的生命造成更實際具體的影響。因為正是在夢的世界中，無意識展現出強大的動力：正是在夢的世界，強大的爭戰或是結合力量，產生出態度、想法、信念及衝動，激發了我們大多數的行為。

　　一旦我們能敏銳覺知夢境，我們會發現夢境中的每個動態會以某種方式在現實生活中展現出來：像是行動、關係、決定、自動化的例行常規、慾望及感受上。我們相信自己對這些生命的元素是有意識的控制，但是這個信念正是自我控制的最大錯覺。事實上，我們生命中的這些面向是由更深層的地方所左右。正是在**夢**的世界，這些面向的根源透過我們能見且理解的形式得以揭露。

　　夢境表現出無意識。夢境是動態的馬賽克鑲嵌畫，由象徵所組成，表達無意識內部強大能量系統的運行、衝突、交互運作及發展。

　　無意識有獨特的能力創造意象，並使用這些意象作為象徵。正是這些象徵形成了我們的夢境，創造出一個無意識對意識心智溝通其內含物的語言。

　　正如同燃燒的火焰自然會散發出熱氣，無意識天生就會生成象徵，這是無意識的自然本性。當我們學習閱讀那些象徵，就有能力

　　　　　　　　　與內在對話：夢境・積極想像・自我轉化　├────

感知在我們內在運作的無意識。這個製造象徵的能力影響的不僅僅是夢境：人類生活的一切都受到無意識內部泉源所流洩的象徵意象所滋養：

> 無意識的象徵意象是人類精神具體實現的創意根源。除了意識及意識對於這個世界的哲思理解概念是從象徵而來的，宗教、儀式及禮拜、藝術及習俗皆是從象徵而來。這是因為無意識的象徵形成過程是人類精神及語言的根源，而其發展史幾乎等同於創世及人類意識的發展，向來是從象徵語言開始。因此榮格寫道：「原型的內容最初且最重要的自我表現形式就是透過隱喻。」
>
> ——諾伊曼（Erich Neumann, 1905-1960），《大母神》
> （*The Great Mother: An Analysis of the Archetype*，頁 17。）

　　無意識的象徵意象主要是透過兩個路徑進入意識層面：夢境及想像。擷取夢境的象徵特質是相對容易的，因為夢境通常會呈現出神話中的生物及非世俗的情境，這些是每日有形生活中不可能出現的。人們通常會對夢境的意象大感疑惑，直到他們學習到這些意象只是象徵性的，無法只從表面上理解。

　　因為夢境的意象在一般的情況下是不合常理的，人們會以奇怪或是沒意義來打發掉，但是事實上，夢境是前後非常一致的。如果我們花時間學習夢的語言，就會發現每個夢境都是象徵溝通的傑作。無意識以象徵發言，不是為了混淆我們視聽，而是那就是它天生的表現風格。

我一直無法同意⋯⋯夢是一個「表面」，夢的含義隱藏在後——這個含義雖已為意識知曉，卻被意識惡毒地扣留住了。對我來說，夢是天性的一部分，沒有欺騙人的意圖，而是盡最大能力來表達某種東西，正如植物使勁生長、動物找尋獵物求生存。生命的這些形式並沒有欺騙我們的觀察力的意圖，我們之所以欺騙自己，是因為我們近視的緣故。早在我與佛洛伊德見面以前，我便認為無意識和意識的直接闡述者——夢，均是自然的過程，任何武斷的說法，特別是詭計花招，都不能歸咎於它。

——榮格，《榮格自傳：回憶・夢・省思》

繁體中文版，頁 215-216[1]。

我們或許可以將夢境比擬成無意識投射內在戲碼的螢幕，我們從中看見組成我們整體個性的各式內在人格，以及構成無意識各種力量之間的動態。可以說，這些看不見的力量及其活動啟動了電流，傳輸到螢幕上。它們以意象為表現的形式，而夢境意象的交互作用提供我們一個我們內在動態的精確描述。

在學習如何理解這些意象時，我們的概念起始點在於不能單從字面上來理解這些意象：我們學習尋找包裝在這個意象形式或顏色底下的態度、內在人格、內在發展或是衝突，如此一來，我們才能在夢的國度中**一窺其貌**。

想像與象徵

我們說過，夢是無意識兩個溝通管道中的第一個，第二個管道

則是想像。

對許多人而言，一聽到想像是一致性溝通的工具時都會感到疑惑，因為這暗示著以極度精煉且複雜的象徵語言來表達無意識的內容。然而，這是千真萬確的：假若我們能學習帶著練習的雙眼來看待想像，我們會發現想像是名副其實的能量流，大多數時候也是從無意識而來，是帶有意義的意象流。

我們可以想像兩條渠道從無意識流向意識心智，第一條渠道是做夢的能力，第二條則是想像的能力。做夢與想像有個共通的特質：它們將無意識不可見的形式轉換成意識心智中可感知的意象力量。這就是為什麼我們有時候感覺彷彿做夢是睡眠中運作的想像力，而想像則是醒著時流過我們的夢境世界。

正如同無意識是在夜間發出能量電流而創造出夢境心靈螢幕上的圖案，無意識也在清醒的時刻運作，釋放出持續的能量脈衝流，以感受、心情，以及最重要的，透過出現在想像中的意象等形式進入意識心智。與夢境相同的，有意願學習的人是可能理解這些意象的象徵意涵的。

流經想像的素材有各種表現形式，從瑣碎輕鬆到帶有神啟靈性都有可能。最低層次是**被動的幻想**（passive fantasy）：這是一天當中出乎意料的那些輕快飛過心頭的幻想白日夢，有時候也可能讓我們分心很長一段時間。這類幻想不過是娛樂或是干擾，對於意識沒有任何作用。

最高層級的則是**神啟的靈性經驗**，包括積極想像及宗教經驗。積極想像是建設性地運用想像進入無意識的一種方法，此外還有其他許多方法，包括冥想等深刻的方式。

人們會說：「你不過就是在想像罷了。」或是：「那不過就是你的幻想，不是事實。」這類言論在在說明了我們所處的二十世紀文化對於想像有極大的集體偏見。

　　事實上，沒有任何人是在想像中**編造**事物的。出現在想像中的素材必須是源自於無意識。想像，正確的理解，是讓素材得以流入意識心智的通道。更精確地說，想像是將不可見素材轉換成意識心智感知的意象的**轉化者**。

　　想像一詞的拉丁文字根是 imago，意指**意象**（image）。想像是心智內的意象形成能力，這份能力將內在世界的存有罩上意象，好讓我們看見它們。想像生成了無意識用來表達自己的象徵符號。

　　幾世紀以來的歷史事件及心理發展造就了當今人們對於何謂幻想與想像的誤解。在此，我們沒有空間來回溯所有的發展，但是因為偏見無處不在，值得我們簡要談談那些智慧的先人，也就是古希臘人是如何理解幻想及想像。

　　英文的**幻想**（fantasy）源自希臘字 phantasía。這個字的最初意涵是指導性，意指**使之可見**，源自一個動詞，使之可見、揭露，其相關性一覽無遺：我們心理功能中的幻想能力就是將原先不可見的無意識心靈動態變成**可看見的**。

　　於此，我們在希臘人的心理學中發現本質的洞察力，這是現代深度心理學必須重新發掘的，也就是人類的心智投注在特別的力量當中，這份力量可以將不可見的範疇轉化為可見的形式，如此一來就可以成為心智可見、可思考。我們將這個不可見的範疇稱為無意識，對柏拉圖而言，這是理想形式的世界，其他古人則認為這是天神的疆界，是純粹精神的領域。但是這一切都對應到同一件事：唯

有藉由**生成意象**的力量才讓我們得以看見它。

對希臘人而言，phantasia 一詞意味著心智這個特殊能力，藉以產生詩意的、抽象的及宗教的意象。Phantasia 是我們將內在世界的內容賦予形式**使之可見**的能力，是透過將其擬人化的方式。希臘人將內在世界的真實性視為理所當然，表現在理想形式或是普世特質中，這些特質及形象則是掩藏在諸神的神聖意象底下。對他們而言，phantasía 是神聖世界用來對人類心智說話的機制 [2]。

直到中世紀時代，歐洲心理學當中稱為想像或是 phantasía 的意象形成能力，始終被認為是從精神或美學世界中接收意義的機制，也將之形塑為在記憶中可留存的內在意象，以及將想法及論證形塑為實體。在宗教上，想像的能力是宗教啟示、**靈境**和經驗的合理路徑。資訊乃是透過想像而進入意識心智，這個事實完全不會抵銷資訊的可信度，因為「傳統上，人們認為詩意想像的經驗是伴隨相信想像的真實性這個信念。」（**出自牛津英語字典**）

伊莉莎白的時代開始出現另一個對應於**幻想**的意涵：虛擬的白日夢，某種幻想且不真實的事物。Fancy 這個字是創造出來的，從 fantasy 一詞而來，意指單純為了娛樂而在想像中異想天開編造事物。很不幸地，卻成了我們這個世紀所承襲的普遍對於想像本質的誤解。

即便只是簡略思考，我們應該明白將想像貶低是多麼愚蠢。人類依靠想像的意象生成力量，以及意象象徵來創造詩意的意象、文學、圖畫、雕塑，以及所有藝術、哲學及宗教的功能。如果沒有這些意象象徵的生成能力，我們就無法發展出抽象的智力、科學、數學、邏輯推理或甚至是語言等。這就是為什麼諾伊曼會說出先前引

述的那段話：

無意識的象徵意象是人類精神具體實現的創意根源。……因為無意識的象徵形成過程是人類精神及語言的根源，而其發展史幾乎等同於創世及人類意識的發展，總是從象徵語言開始。

——諾伊曼，《大母神》，頁 17。

積極想像：有意識地使用想像力

積極想像，就像無意識，一直都存在於人類生活中。但是就如同我們內在生命的許多面向一樣，榮格花了好些心思才重新發現這門遺失的藝術，讓現代人得以接觸運用。

乍看之下，積極想像似乎過於簡單或是太單純，並不是需要嚴肅以對的一項心理學技術：進入個人想像中所浮現的意象，與之對話，涉及與意象的接觸、交會。事實上，意識的自我心智進入想像，並參與其中。這通常意味著去和表現自我的人物形象進行口語對話，但是也涉及深入一個人的想像中那些透過行動、冒險或是衝突而拋出的故事。

正是這樣的覺察、這種對想像事件的意識**參與**，讓它從僅僅是被動的幻想轉化為**積極**想像。意識心智及無意識心智結合於想像平台上的共通點，讓我們有機會打破那道將自我隔離於無意識之外的屏障，如此一來，我們能夠在心靈的兩個層次真誠的溝通交流，解決與無意識的精神官能衝突，學習更多身為個體的意義。

一般皆認為想像是虛構的，許多人的自動化反應就是認定這樣

的想像經驗是沒有意義的。他們認為「我就是在跟自己說話」，但是如果曾經與積極想像工作過，我們馬上就能確知我們是在與自身的真誠內在部分對話。我們面質那些活在無意識層次的內部強大人格，而這些人格時常與我們的意識想法及行為相左。實際上，我們是進入無意識的動力當中，我們步上旅程進入意識心智仍然不知道如何前行的區域。

可以確定的，這樣的經驗是象徵性的。與我們互動的意象是象徵，而我們是在生命存有的象徵平台上與之相遇。但是當中有個法則：當我們經驗意象時，**我們也直接經驗到包裹在意象底下的我們的內在部分**。這是人類心靈中象徵經驗的強大力量，只有當我們是帶著意識進入，才能體驗得到，它對我們造成的強度及效應通常和有形經驗所帶出的一樣具體。它帶著重新調整態度的力量，從深層教導、改變我們，相較於我們可能會經歷但卻毫無察覺的外在事件而言，它更加重要。

當我們經驗到象徵時，也經歷了情結及原型，也就是那些由象徵所表徵的內在心靈實體。當意象說話時，它是以我們內在諸多聲音的其中一個來發聲。當我們回答時，是我們所未見的內在部分在傾聽、表達，以想像的意象形式呈現在我們面前。

在積極想像上，我並不全然是在「**對自己說話**」，而是對**我的諸多部分之一**說話。正是透過自我與從無意識中浮現、出現在我想像中的各種角色之間的交換，我開始將那些內在支離破碎的片斷接結合在一起。我開始認識，並向我以前從來不知道的那些部分學習。

當人們問我積極想像是否為「真的」，或是夢境是不是「真

的」，我總會想到《唐吉訶德》（*Don Quijote de la Mancha*）一書的情節。吉訶德大人說他在找尋「用比小麥更好的原料做出的麵包」。當然，他指的是聖體（the Host），也就是在基督教儀式中所吃的麵餅。聖體是由小麥所做，同時也出自原型的一種樣式，源於基督的身體、精神及優於小麥的。

同於這個聯想及感受，我可以說積極想像「比真實更真實」，其真實性不僅僅是源於在有形生命所帶出的實際且具體的影響這個觀點，也將我們與人類所不能及的，以及超越的力量世界連結起來。積極想像讓我們參與內在整合的主要能量流，以生命的深遠形式形塑你我們的關係與態度；在現實層次深深影響我們，為我們帶來至關重要的影響，更甚於每日生活中的任何局部事件。

相較於這些巨大的內在力量，以及這些力量在內在所建立的長遠輪廓及方向，每日生活中出現的擔憂及決定大多變成緩慢流向目標卻又勢不可擋的巨大生命流表面上的漣漪。夢境工作及積極想像讓我們與生命的更大眼界相互協調，朝向巨流的方向前進，將我們的心智從那些多數時候佔據內心的漣漪及渦流中短暫拉開。

我們因此得以理解，夢境及想像將我們與生命的存有層次連結起來，不僅僅是現實外在意義上的「真實」，而是更甚於真實。

1　編註：本段引自 Jung, MDR, p.161。

2　原註：羅馬人顯然沒有對應的拉丁文字可以精確傳達這個透過詩意、精神或宗教想像所創造出的內在真實的象徵表徵。在古典拉丁文中 imagination 這個字意指「虛假的」，表示圖像是不同於它所表徵的外在客體。因此，羅馬的作家開始借用 phantasía 這個希臘字，藉以表述透過使用詩意或靈性的意象來表達靈魂內涵的人類本能。西塞羅則直接使用希臘文字書寫這個詞。

原型與無意識

原型的概念常會在夢的工作或積極想像中出現，因此，在本書內容的前面階段先討論這個重要的概念是有幫助的。之後，當原型意象的例子出現在我們的討論內容時，我們會比較容易理解它們的重要性。我們要檢視原型概念中所包含的基本想法，接下來，當我們討論特定的夢境實例及實務步驟時，還有機會深入了解這個主題。

　　心理原型的概念是榮格為現代思維所提出最有用、最具啟發性的貢獻之一，也在心理學領域之外受到廣泛應用，同時影響了諸如人類學、文化歷史、神話、神學、比較宗教學及文學解讀的許多學者們。這是因為榮格指出原型以象徵的形式出現，不僅僅出現在個人的夢境中，也出現在神話、文化形式、宗教象徵與儀式，以及所有的人類想像產物中，例如文學及藝術等。

　　原型的想法是古老的，與柏拉圖提出的理想形式有關。所謂的理想形式指的是神聖心智中已然存在的模型，它決定了物質世界存有的形式。但是我們要歸功於榮格所提出的**心理**原型概念，其所指的是人類種族集體心靈中先驗存在的特質模式，會在個別人類心靈中永恆重複，同時決定我們所認知的以及所運作的心理存有的基本方式。

　　榮格對於原型存在的認知源自於他對人類夢境的觀察，夢境中所浮現的象徵常會對應到在古老神話、藝術及宗教中出現的意象，這是做夢者不可能知悉的時間與空間。他發現有特定的原初象徵，也發現人類無意識中有特定的意義會附著在這些象徵上，這些特定的意義會在任何時空自動出現在無意識中，不需要文化作為傳遞的媒介。

同時間，榮格也觀察發現他稱之的**原初意象**形成了生物學的模式，而基本的人類心理架構就是依此形塑。我們可能將它們視為自然的藍圖，主宰內在心理架構的外型，或是基本模組，決定了我們的本能角色、價值、行為、創意能力，以及感知、感受與推理的模式。

　　因為這些模式是內建於人類心靈的集體根基，不需要透過文化、文學、藝術或遷徙而傳遞。它們會自動從無意識中升起，出現在任何人的夢境、**靈境**或是想像中，任何時和地。也因為它們是以普世共有的集體意象出現，一旦出現且進入個別的生命或文化時，其象徵手法會引發相同的感受，喚起相同的議題，激起相同的行為。

　　原型一詞遠在腓羅（Philo Judaeus，譯註：猶太神學家）時期就出現了，可以參考人類的神形象（Imago Dei）的概念，也可以在愛任紐（Irenaeus，譯註：基督教神學作家）的著作中看見，他說：「世界的創造者並不是直接從自身的樣式來形塑事物，而是複製祂身外的原型。」……原型是對柏拉圖的〔理想形式〕的重新敘說解讀。就我們的目的而言，這個名詞不僅貼切也很有助益，因為它告訴我們……我們所處理的是古老的，或者我會說是原初的類型，亦即我們所處理的是自遠古時代就存在的普世意象。

　　　　　　　　　　　——榮格，《榮格全集》第九冊，頁 5-6[1]。

　　從無意識當中出現決定性的影響力，這是在慣例之外的，以確保每個個體都有同一性，以及經驗的一致性，而且它也是以想像的

方式呈現。這一點的主要證據之一就是，神話母題中幾乎普遍存在的相似性，基於它們的原初意象的特質，我稱之為原型。

——榮格，《榮格全集》第九冊，頁 118。

我們只能假定〔人類的〕行為是源自功能模式，這正是我所描述的〔原初〕意象。我用意象這個詞，不僅僅表達活動發生的形式，也是表達活動進行時的典型情境。這些意象是原初的意象，因為它們對整個物種而言是特有的，假若這些意象是有起源的，這個起源必須至少是與物種的開始同時發生。它們是人類的人性特質，人類活動的特有人類形式。

——榮格，《榮格全集》第九冊，頁 153。

如同這個名詞所暗示的，原型和**類型**有關，所謂的類型是指特徵特質或是一組特質，這些特質似乎會一再同時出現，是可辨識、會自發重複出現的模式。美德女子是一種類型、機智溫柔的女皇是一種類型、勇敢的戰士是一種類型、清純者是一種類型，沒有一個人是完全符合某種類型的，因為類型的本質就是性格特質或行為模樣的理想模式，我們在文學的角色及夢境的人物中會找到完全符合某種類型，但是真實的人類是由許多類型**組合**而成，不同的類型會結合一起，形成一個豐富、不一致、多元的人格。

如果我們能找到方法回到製造每個普世**類型**的原初模式，而這些模式是我們本能能夠辨識的內在潛存的人格特質，這個原初意象不僅存在於世上第一個人類身上，也存在你、我身上，因此，在某種意義上，我們會發現這個類型的**源頭**，也就是這個類型的第一

與內在對話：夢境‧積極想像‧自我轉化

個，換句話說，就是讓我們印刷的模板。

　　arche 這個字根在希臘文中意指「第一個」，而 type 意指「銘刻」、「銘印」或「模式」。而心理**原型**就是那些預先存在的「第一個模式」，它形成了人類個性當中主要動態組成的基本藍圖。在實際表現上，當我們去檢視這些模式時，我們會明白正是它們的組成讓我們成為可辨識的人類。它們是我們生來就有的，是我們身為人類種族一份子的部分遺傳。

　　並非所有出現在夢境的意象都是原型。我們必須從無意識是由能量組成的這個觀察開始，認知無意識能自主形成不同的能量系統，或者也可說是「能量形式」。這些能量形式可以是感受、態度、價值系統，或是存活在我們之內的全部人格特質。事實上，在無意識層面中，我們都有不同的人格特質共存於內。正是這些內在的「人格特質」在我們的夢中以「人物」顯現。

　　在夢中，以意象表現的能量形式當中就有原型。可是大部分的意象**不是**原型，因為並沒有相應於普世的模式，只是做夢者的個人能量系統。人們第一次聽見原型時，往往感到困惑，並對原型顯現時那令人驚嘆的象徵有所醒覺。他們可能認為夢中出現的每個意象都代表某個原型，或是某處有個制式表單，上頭列出了所有的原型，因此可以從表單中選取最有可能的原型來套用，以解讀所有的夢境象徵。

　　這些想法都不正確。原型可能有無限多種，正如同人類身上普世存在的無數特質及個性模式。認同原型，意味我們清楚知道自己被鍵入普世的人類能量系統中，因而得以看見一個源自我們集體人類本性深處的強大象徵，而不是從某人所生產的類型清單中工作。

在這個領域，我們不僅僅有權利也有責任從自身的創意想像中擷取素材，我們可以自由地使用名稱來稱呼原型，而這些名稱對於我們這些個體是有意義的。稍後，我們會再多談談這個部分。

至於我們是如何與原型交會，可以從一些實例獲得更清楚的概念。在所有的文化及宗教中，打從歷史初期，**靈魂**這個概念自然存在，人類總是憑直覺或假定那不可見但卻活生生的實體存在，將自身的靈魂視為詩篇及宗教寓言中的**陰性**存有。有時候將靈魂視為與基督婚配的內在女人，或者是與神合一的可能性。有時候，男人想像有個繆斯女神啟發了他們創作詩、文學、藝術，或細緻的感知能力。相反的，女人通常想像靈魂是陽性存有，提供智慧及力量。

榮格發現，當人們以宗教的語言來稱呼「靈魂」時，實際上是對應到心理上，那是內在心靈特定且客觀的部分，表現得就像是宗教及詩學中的「靈魂」，同時扮演先前所提到的相同功能。在男人身上，靈魂會在夢中顯現為陰性存有，在女人身上則通常顯現為陽性角色。為了從宗教的概念中區別這個客觀的心理實體，榮格將陰性角色稱為**阿尼瑪（anima）**，將女人夢境中的陽性角色稱為**阿尼姆斯（animus）**。這兩個名詞在拉丁文中分別代表「靈魂」（soul）及「精神」（spirit）。

在接下來的章節中，我們會看見一些在夢境及想像中出現的阿尼瑪及阿尼姆斯的例子。此處的重點在於，原型的主要特質是普遍性，它創造出普遍存在於所有男女的心理架構中的結構或是能量形式。靈魂亦然，既是客觀的實體也是普世的象徵。這是人類傳統的一部分，是我們之所以為人類的那部分。

靈魂以內在真實的樣貌存在所有人類身上，也生成普世的象

徵組合，也就是阿尼瑪及阿尼姆斯的各式意象，以之表達自身。因此，我們可以在多數男人的夢境中找到相似的意象組合來代表阿尼瑪，同樣的，也能在神話、民間故事、宗教、藝術及文學中找到。這也適用於女性的阿尼姆斯所呈現的普世象徵主義。

就如同原型相當容易被認知為內在的**結構**，好比阿尼瑪及阿尼姆斯的例子所顯示的，它也是所有人類認知的普世**特質**，或是每個人都會經歷的普遍感覺或行為方式。舉例而言，一個女人可能會夢到自己與神或是愛的女神同在。愛是一個原型，去愛是人類的表現趨向，是人類感受、連結及對他人採取行動等行為的原初藍圖的一部分，而且就在每個人及每個文化之中，如此普遍存在，以至於連說明都顯多餘。

夢見這個原型的女子，並非只是由愛的驅力所組成的，她有憎恨或是怨懟的能力，就如同我們每個人，潛藏在她整體人格的某處。但是在她的夢中，她與一個代表愛的**原型**意象同在，愛是人類物種原初心靈深處某個地方所迸發的普世、人類所不能及的力量。

在那個意象面前，如果女子能夠看清正是愛的普世能量在挑戰她、影響她，她就能更了解自己的感覺、情緒及行為。

我們曾提過人類的無意識中有無數的原型。要確定一個人是在處理夢境中的原型，意味著去感知意象背後的普世的人類本能或模式，或者是辨識出象徵代表的是那些永恆且普遍存在的人類特質的原初意象之一。

我們不需要知道榮格已經正式賦予哪些原初意象原型的名稱，不需要知道榮格學派的人是用什麼名詞來稱呼這些原初意象，雖然有時候知道是有幫助的。

榮格學派通常是從神話及遠古的宗教中找到這些原型的名字，那是這些意象首次出現的地方，通常是以最戲劇化、最讓人印象深刻的形式出現時。舉例來說，在英雄旅程的原型中，個人受到命運的試煉，通常稱作「旅程」（odyssey），因為其最偉大的意象就是奧德修斯（Odysseus）的旅程。但是，所有這些名稱都有某種程度的武斷。我們可以自由運用我們的判斷、情感及想像來決定我們是不是在處理原型，也有自由使用對我們最有意義的名稱為之命名。

　　幾年前，有個年輕的研究所學生找我針對夢境工作，一個陽性角色開始重複出現在他的夢境中，這個學生自發地為這個展現出普世特質的友善男性同伴創造了屬於他自己的名字：「部落兄弟」。

　　這個做夢者和他的部落兄弟在歐洲古代的維京部落裡一起生活。在某些夢境中，他與同伴是戰士，一起上戰場。在其他的夢境中，他們是醫者。其中一個夢境，他們發現一位穿著白袍閃閃發光的魔女，這名女子變成做夢者的配偶。兩人一起走過年輕男子所能經歷的奮鬥過程、神聖探索。這個做夢者與他內在角色之間的友誼是如此親密，感受如此真實，以至於當他好幾天沒在夢裡看見同伴時，他感覺孤單。

　　顯然的，這個「部落兄弟」是個原型，而在女性的架構中也會有對應的「部落姊妹」。男人及女人通常在成年前期那幾年都會夢到這樣的角色，某個和他們同年齡同性別的角色成為他們的助手、忠心盟友，他們在人生試煉及挑戰中的同伴。而這個意象對應到一個客觀的現實，能量系統事實上是位於個體的內心，為他或她的發展提供了力量及意識，就好比這個意象所描述的狀況。在女人身上，部落姊妹是陰性意識的原型，增加她對於自身陰性面的感知

　　　　　　　　　　　　　　與內在對話：夢境‧積極想像‧自我轉化

力，並強化她在發展成為成熟女人時的認同感。

我舉這個例子來強調，讀者有權自己判斷，有權選擇屬於你自己的命名。沒有人會找到「部落兄弟」這個詞記錄在某些標準的原型列表中或是象徵字典中。然而，做夢者在夢境中看見這個象徵，辨識出它是人類生命的普世意象，從遠古過往中為它找到一個名字。這是屬於你的也是屬於他的權力。

假若我們將這些原型與古代希臘人的神的概念相比較的話，有時候，的確比較容易看見出現在我們夢境中的人格角色如何對應到人類本性的偉大**力量**。希臘人想像的諸神，是與個別人類生命互動的力量。這些力量表現在日常生活之中，然而也是普世、永恆的，活在某個特定生命或時間限制之外。「諸神」也可以描述為是作用在人類種族的「能量場」。然而，祂們的意象代表著**整合的人格**，近似我們夢中出現的那些帶著偉大力量光環的「人物」，符合了某些人類本性的偉大類型。

因此，榮格指出英雄及希臘神殿的諸神，實際上都是原型的最佳象徵，祂們的意象表現出組成人類人格的普世、原初類型。

嚴格來說，原型並不是力量，而是預先存有的模式，賦予我們內在的力量典型外形。然而，當我們與原型意象交會時，我們總是感受得到形塑這個意象的力量。我們感覺自己不僅僅是進入象徵的類型，而且在人類集體無意識中靠近了超自然力量的巨大寶庫。我們能夠感受到原型作為能量的載體，彷彿那是在自身之外，是意識心智必須與之互動或處理的某個事物。當我們把那些感動我們或是影響我們的，視為運作的力量，我們開始能了解為什麼希臘人及其他遠古人類會將它們理解或經驗為超自然的力量。

正因為由原型所形成的能量系統是超個人、普世的，同時對應到永恆的及原初的現實，事實上我們在夢中所經驗到的原型彷彿是神靈或是諸神一般。我們將它們經驗為偉大神力，有時候給我們幫助，有時候威脅我們，或者強力加諸、壓制，或是解放或者佔有我們，一切端視我們所經歷的演化歷程及涉入的議題而定。我們感覺它們是那偉大、超越及永恆的能量，在我們掌控之外，即便它們是我們生命及本性中的一部分。

如同大多數的心理觀念，原型的概念中有許多是與每日日常有關的，我們在生活中都會感受、感應原型的運作，只是並未識別出來。

舉例而言，假設我們知道有個女子在排山倒海而來的意外事件中奮鬥，展露出超乎常人的勇氣，我們會說：「她是巾幗英雌。她在這一切經歷中所展現的，只有英勇二字足以形容。」不假思索，我們辨識出那個活在她身上的英雌原型，形成她個性的一部分，而她的表現也呼應了我們本能就知道的普世類型。

在另一個例子中，我們可能會說我們知道一個男子「表現得像個小氣鬼」，指的是憤世嫉俗的守財奴原型，這是另一個眾所皆知的類型或是人格模式，展現那個男子的態度或行為都呈現了這個原型特徵。

英雄或英雌的原型就在我們每個人身上，守財奴也是，這是為什麼我們立刻就能在他人身上辨識出這些原型。某些人有明顯強烈的特定原型，我們可以看見它「毫無保留的顯現在那些人身上」。而在其他人身上，原型只是依然處在無意識之內的潛在可能。舉例來說，可能只會在發生危機、有需求時，或是在愛或忠誠的激勵

下，才會在特定的人身上看見英雄的原型。

我們不會只是某件事物，也不是單一向度的創造物；我們是無數各式原型的豐富組成，我們是部分英雌或部分英雄，部分是膽小鬼、部分父母和部分孩童、部分聖人及部分小偷。唯有學習認同我們之內的偉大原型母題，學習尊敬每個原型都是正當的人類特質，學習以建構的方式活出每個能量時，我們才能將內在工作視為偉大的精神之旅。

無意識通常會以神聖的、皇家的、魔法的和神秘的意象來呈現原型。如果普世的英雌原型出現在你的夢境，她可能會是傳說人物，像是聖女貞德（Joan of Arc）面容，她也可能穿上閃亮的盔甲或配帶魔法寶劍。一般而言，某些創造高貴或是權威感受的事物會伴隨著出現。

即使沒有感受到特別的敬畏、神聖或魔法等等，我們仍然會感覺自己正看著普世類型、品質或經驗的原型例子，像是母親之母、時光老人、世界末日大戰，以及愛，是那含括了所有人類曾經有過的愛。

1　編註：本段引自 Jung, 9, *CW*, 5-6。本段雖沒有中文版翻譯，但第一次出現 CW（*Collected Works*）縮寫，特標出原文出處。

衝突與合一：我相信獨一

內在工作是意識與無意識素材之間的對話，因此常生出衝突幽靈，亦即我們對於價值、慾望、信念、生活方式、道德及忠誠等內在衝突。想當然，這個衝突存在每個案例中，無論我們是否願意正視。但是，夢境工作會迫使我們看著這個衝突；而積極想像，或許更甚於其他形式的內在工作，則是讓衝突在大太陽底下公開亮相。

　　我們如何能承受讓衝突公諸於世？大多數的人完全無法面對內在衝突，他們透過緊抓住自我的偏見，壓抑無意識的聲音，強加某種一致的假象。假若我們內在有其他部分抱持著不同的價值或是不同的需要，多數人寧願選擇漠視這些聲音。

　　我們先前提過內在架構的多元性。我們知道，雖然我們是個體，實際上是**多元**的存有。每個人都有眾多的獨特人格特性，存在於你我的身上，共享一個心靈。我們知道人類心智將世界經驗為二元：將世界及自身二分為黑暗與光明、「好」與「壞」，同時我們不斷評判，先是附和一邊，接著附和另一邊，只有極少數的我們願意接下將一切整合為整體的可怕任務。

　　或許正是這個將事物二分為「好」與「壞」的人類傾向創造出巨大的屏障，讓我們無法接受及運用內在的各式人格特性。我們並不明白自己所憑藉的「好」與「壞」，通常是武斷又主觀的分類。大部分的評判標準都是從家庭、文化及兒時的制約中不帶疑問而來的。如果我們有勇氣，以開放的心來看待那些讓我們覺得羞恥的本能和能量系統，我們幾乎會發現它們也可以是正面的力量，發現這不過是全人類個性中正常的部分。正如同所有的內在內容物，它們也需要得到認可、尊敬，在適宜的、建構性的層次中存活下來。

　　進入「壞」的那一面是需要勇氣的，認知到它是我們的一部

分，思考它可能在我們的生命中扮演結構性的角色。直接檢視慾望及驅力的破碎片段是需要勇氣的，一邊會爭論說好，另一邊則強烈地說不。心靈的一邊爭論著要關係、要扎根及穩定性，另一邊則想要繼續英雄的東征，想要在異地經歷偉大的冒險；一邊想要旅行到世界的另一端、過著像吉普賽人的生活，另一個人格想要建立帝國、鞏固權力系統。有時候，這些衝突看似無法和解，我們也覺得自己在慾望、責任及義務等衝突之間被拉扯。

然而，我們如何在內在工作中進入無意識，將自己沉浸在這樣的片斷及二分中？除非我們本能感受到衝突勢必要解決，否則無法找到勇氣正視內在那些讓人感到可怕的分立，若能如此，交戰的部分將得以平和相處，碎片也終將揭露更深層的現實，生命中潛在的本質統一體及意義。

一開始的時候，你可能感覺奇怪，但開啟理解內在工作的好方法就是**透過我所相信的信條**，也就是《尼西亞信經》（Nicene Creed[1]）：**我相信獨一上帝（Credo In Unum Deum）**。

每週都有數以百萬的人以各種語言複述上述的句子。當然，多數人從未真正思考這句話的意義，這已經變成另一句不經思考就會複述的句子。無論你對於《信經》這段宗教語句字面上的感覺如何，你應該思考其心理層面的意涵。這句話指明只有唯一一個主體，只有唯一一個根源、一個起始，生命流經的所有多樣面貌都是出於一個統一體，也回歸於它。

因為我們認知這個原則，我們知道無論經歷了什麼衝突，無論在自身發現什麼困惑及衝撞，都是同一棵樹上的分枝。

如果沒有這樣的信念，我們會感到無助，不可能嚴肅面對夢的

工作、正視積極想像。我們內在自性的純粹多樣性會淹沒我們。但是《信經》教導我們，所有的自性、所有的能量，都是從一個不可分割的源頭流出，可以溯源回到那個獨一。其中一個溯源的方式就是透過內在工作，勇敢進入多樣性、進入二元性。

誰在一生的多數時間是不受這個生命二元性所困擾的？內在的陽性及陰性聲音、責任或慾望、正或邪、這個選擇或是那個選擇、依循我心或依循我思，我們可以無止盡地條列出這些表達生命**陰陽**對立面的配對組合。

既然接下來還會再用到陰陽這個詞，先說明一下它們的意涵應該有幫助。在古老的華人心理及哲學中，這些詞彙表現出世界內在自發地區分為對立面的配對組合：黑暗與光明、熱與冷、陽剛與陰柔。從前的聖賢教導我們，若想要掌握全部的真實，就需要將對立面的配對組合維持在平衡的狀態。

陽代表陽剛（陽性）、行動、行動家、堅硬、溫暖、乾燥及光明。陰代表陰柔（陰性）、休憩、接納、柔軟、寒冷及黑暗。在榮格心理學中，我們運用這兩個詞來表達一般人類心理經驗中的二元性。我們的內在經常涵容相互對立的態度，一部分的我們是贊同的，另一部分則是持反對立場；部分的我們想要往前行，另一部分的我們則想要安靜地看事情如何進展。一個態度是來自於陰性面，另一個則是來自陽性面。

根據過往聖賢所言，智慧來自於在對的時機讓陰主導，在屬陽的時刻，讓陽發揮作用。無論何事何物，只有在雙方都得到公平對待時，才有平衡。

但是，假若沒有這個二元性、沒有這個宇宙的分立，就不會有

我們所知悉的人類生命，這是我們作為意識存有必須付出的代價，無可避免的，我們要學習，將我們自己與世界區分開來。

當我們學習打破初始無意識中的那份原初統一體時，朝向意識之道就開啟了。就像在伊甸園的亞當一樣，我們學習看見自己有別於世界、有別於周遭的人們。我們學習將世界分門別類，開始將外在的現象及內在的特質、個性區分為對立兩面：分出那些「好的」及「壞的」，分出讓我們感到害怕和安心的，區分出那些肯定我們及威脅羞辱我們的。因此，我們達到自知之明，對我們自己的認知，認知到我們是群體之外的獨立個體，也認知到獨立於集體無意識之外的自我。

但是，這樣的意識需要付出巨大的代價：碎裂感，我們內在那似乎無法調和的衝突，讓我們感覺整個宇宙都分裂了，沒有核心意義存在。我們有足夠的意識來感知生命的衝突拉扯，但是沒有足夠的意識感應到生命底層的合一。然而，在人生這條道路上，覺知自身的存有是自然的發展，這是透過見證者的誕生：亦即人類意識的誕生。

「究竟是為了什麼？」你可能會問：「為什麼人類千方百計地要達到高層次的意識？」這的確是關鍵的問題，但我發現答案並不簡單。除了給你一個真正的答案，我唯一能做的就是信心的告解：我相信，在千百萬年之後，人們需要理解這個世界是存在的，這裡有高山與海洋、太陽與月亮、星系與星雲、植物與動物。在東非大陸的小丘上，我曾經看過一大群野生動物無聲、靜謐地吃草，彷彿從亙古以來牠們就是那樣了，我為原始世界的氣息所觸動。當

時我感覺自己彷彿是那第一個人、第一個創造物，知悉這一切如實的存在，周遭的世界仍處在原始的狀態中，並不知道過往的存有。接著，就在那個知道的片刻，世界存在了，如果沒有那個知道的片刻，世界是不存在的。整個自然都在找尋這個目標，而這個目標也在人類身上落實……每一個進展，即便是極小的進展，在意識的實踐道路上，都會對這個世界有所貢獻。

——榮格，《榮格全集》第九冊之一，段落 177。

一旦我們保持距離，一旦我們因為意識到世界不同於我們而將世界變成現實，那表示我們的任務還沒有完成。我們每個人身上都帶著直覺，帶著潛在的信念，認知到一切終將匯聚為一份意義。人類普世認知的是，生命的中心有著統一體及一致性，認知到自身是有可能意識覺知這一切。到目前為止，我發現，覺知人類心靈中那原始且本質的統一體，就是多數宗教及哲學所謂的**覺悟**（enlightenment）。

內在工作所教導的就是，朝向合一自性（unified self）之道的重要原則之一。許多人相信自己可以透過倒退、逃避衝突、假裝眼不見等方式來達到合一。從實質的經驗中，內在工作告訴我們可以**擁抱**衝突、擁抱二元性，我們可以勇敢地投入這些交戰的聲音中，**透過**衝突找到方式達到終極的統一體。

我們不能走回頭路，不能後退，更不能藉由抹去意識、退回到動物無意識的狀態去找到原初的合一感。我們的演化採取的是完全不同的路徑，這條路徑牢固地內建在你我身上，如同有形的身體架構般牢固。我們的路徑導引我們直直向前行，不是繞過二元性，而

是直直通過它，達到對於底層獨一性的意識。我們的任務是發現生命基礎的統一體和意義，而不犧牲自身多元的意識，也不犧牲我們身為獨特個體存有的認知。

因為宇宙分為天與地，因為天與地相互對話，世界創造出基督、佛陀、穆罕默德等先知們，祂們每個都帶著合一自性的原型和實質上是多等同於一的訊息。因為我們個人生命的衝突，換句話說，我們願意面對衝突、願意將衝突轉化為有建設性的對話，我們得以朝著意識成長。

如果我們願意誠實面對，那麼在二元性及相互矛盾中生活就是你我的宿命。生命的要素就是在這些自相矛盾的素材間對話；出乎意料地，這也是朝向合一的明確道路。我們的夢境是它的舞台、它的工作坊、它的戰場，積極想像則是它的高超語言。

1　譯註：Nicene Creed《尼西亞信經》是在西元 325 年教會議會所制定的。當時的教會因為亞利烏 (Arius) 神學所主張的聖子為聖父所造的觀點而生分歧，羅馬皇帝君士坦丁（Constantine）深恐教會因此分裂，於 325 年在尼西亞召開會議，取得共識完成了《尼西亞信經》。《尼西亞信經》相信聖子及聖靈是從聖父本體而來而非受造，與聖父本體相同，確定了神乃三位一體的理論。

II

夢境工作

進入夢境工作

本書宗旨在於提供直接且務實的夢境工作方法，不會花太多的時間討論理論。然而，榮格的夢境分析工作中有些概念及術語將有助於我們在夢的世界中定向，這些術語會不時出現在書中，我們先利用機會在此說明，然後實際走一趟每個步驟，以學習如何運用。

檢視真實的夢境是一個好的起點，讓我們利用真實的夢境內容來說明一些基本的概念。以下是一個年輕的專業女性的夢境，她過著忙碌的生活。從表面上來看，夢境很簡短內容也很簡單，實際上卻帶給做夢者巨大的影響。

叛徒之夢

我在找車鑰匙，後來我想起鑰匙在老公那裡。接著，我又記起我哥哥把車子借走了，還沒有還回來。我看見他們倆，叫住他們，他們似乎沒有聽到。接著，一個蓬頭垢面的年輕男子，看起來像個「叛徒」，上了我的車還把車開走了。我感到極度沮喪、無助，也有些遭到遺棄的感覺。

針對這個夢境的工作，做夢者從兩個基本原則開始。首先，夢境的基本功能是要表達無意識，因此，她明白夢境是在表達某些存在於她內在無意識層次的事物；其次，她知道夢境的意象不應該從表面上理解，應該視為屬於她的一部分，以及內在生活動力的象徵。她針對夢境的人物工作、積極想像。以下是得出的解讀：

因為她在心中自發聯想到她的丈夫及哥哥，她認為他們代表著屬於她內在那些需要安靜下來沉思，以及回到中心的那個部分。她明白自己過於忙碌外在的專業生活，幾乎沒有時間給家庭、家人，

以及讓她得以回到中心的安靜時刻。她所承接的遠遠超過她所能應付的，既要教學又負荷大量的工作。她過度工作、心生煩躁，找不到時間獨處或與丈夫相處。她允諾所有的要求，同意參加每項計畫。

車子對她而言，就代表這份過度的投入。那樣的行為模式感覺上就好比是上「車」，同時與之逃離。如同車輛一般，她的行為模式是機械性的，是集體社會的產物，似乎也是在她的控制之外。她感覺彷彿有什麼推著她上車、發動車子，將她「載離」到另一個計畫、另一個需要參與的事項。

針對夢中另一個男性角色，那個將車子開走的「叛徒」，她聯想到內在那個總是想要打上高速檔、總是對所有事情說好、喜愛啟動點火器且在團體中電力飽滿的部分。他就像一個站不住也坐不住或無法安靜下來的野人。做夢者感覺自己處在由丈夫及哥哥所代表的那一面生活，以及由叛徒所代表的那一面生活之間的分裂狀態。

為了回應這個夢境，她在生活作息上劇烈改變，減少參與外在世界，給自己更多的時間：和家人在一起、安靜，以及從事內在工作。這個改變馬上讓她感覺解放，因為她的能量聚焦在對她而言最重要的生命面向上。

這個夢境說明了好些有所助益的基本原則，第一個重點：就算是簡短的、看似不重要的夢境，都試圖告訴我們需要知道的某件事物。夢境絕不會浪費我們的時間。假若我們費力傾聽「小」夢，就會發現它們都帶著重要的訊息。

構成夢境的這些人物到底是何方神聖？那些像是丈夫、哥哥與叛徒等的人物，他們都代表著我們內在架構的哪些部分？對這個女

子而言，我們看見丈夫所代表的意象並不是現實的丈夫，而是她內在存有的事物。在這個夢境中，他的意象代表著在她內在運作的**人生原則**，一組價值觀，一個對於該怎樣生活才是最真實反映核心性格的內在認知。

夢境人物的多樣性反映出內在我的多元性及多面向架構。我們都是由許多人格特質或內在「人物」所構成的，這些人物同時存在於單一的心智及單一的身體上。我們認為自身是個個體，有單一的人生觀，但實際上，如果用心注意，我們必須承認感覺上就像是內心深處住了好些人，每一個都將我們拉向不同的方向。

夢境以象徵的方式對我們顯示在我們內在互動的所有人格特質，這些特質同時組成了我們的整體我。在這個叛徒之夢中，做夢者發現好些屬於自己的面向，分別以丈夫、哥哥及叛徒等意象表現出來。一部分的她想要留在家中蒔花弄草、靜坐冥想、與家人共度美好時光；另一部分的她想要在專業上有好的表現；還有另一部分的她想要到外頭拯救世界，充飽電和「叛徒」一起無盡的東征、「做善事」。事實上，「叛徒」那部分似乎表現出活在她內在那個蓬頭垢面的**英雄**原型。透過呈現這些意象，夢境清楚地表示她必須在這些對立的驅力及價值之間找到平衡點。

榮格觀察發現，每個心理內含物都是意識獨特的中心，可以把它們想做是組成整體心靈的內在架構。因為它們本身是**自主的**，我們可以視其為在內在結合的獨立能量系統，每個內含物都有自身的意識、自身的價值、欲望及觀點；每個內含物會導引我們到不同的方向；每個內含物都有不同的優點，或是會為我們的人生帶來獨特的貢獻；每一個內含物都在我們的整體性格中扮演各自的角色。

這就是為什麼它們總會讓人感覺就像是活在內在的一個個獨立分開的人。在我們的夢境中，它們相當適切地成為**人物形象**的象徵。

通常，當我們以為自己是試圖依據事實或邏輯來做決定時，實際上是陷入內在的可怕力量的爭戰之中。因為這幾乎是無意識的，我們不清楚到底是誰為了什麼而戰，我們無法和解，不知道要站在哪一邊，感覺自己在對立的力量之間拉扯，無能為力。

以下的內容擷取於一個當代作家小說中的女子角色，當她面對誘惑時，她的內在一分為二：

> 「那麼我們可以一起旅行。」他解釋說，彷彿這是他們兩人共同商議做出的解決方案。
> 她不發一語，內心裡，彷彿自身本性中的每個成分都在相互交戰：孩子和媽媽爭吵，妓女和修女爭吵……
> ——約翰・勒卡雷之《女鼓手》（*Little Drummer Girl*），第 78 頁。

那個和母親爭吵的孩子是誰？和修女爭吵的妓女是誰？還有那男子內在的英雄想要橫掃城堡找尋聖杯，但是他內在的和尚想要在房間裡靜靜待著，沉思神聖神祕性，這又該如何解釋？我們可能會說這些人物代表著人類的可能性，對我們所有人來說，都是普遍常見的人類性格面向。

此處，我們遇見了原型（archetypes）：人類無意識中的普世模式及傾向，它們找到方法進入個體心靈，並且形塑我們。它們實際上是能量的心理基礎元件，組合在一起創造出個別心靈。這裡出現

的是孩童的類型、母親的類型、普世的處女及普世的妓女，全都**流經**單一個體人格。

在我們的夢境中，它們會加入英雄或英雌、牧師及惡棍等原型，每一個都為我們的性格加入多元豐富性，也說明了各種真實性；每一個都代表我們自己，普世力量的個人版本，這些原型的結合創造了人類的生命。

內在我不僅僅是複數的：榮格發現心靈是以**雌雄同體**的形式展現自我，包括陰性及陽性的能量。每個男人都需要將「陽剛的」自我與心靈中無意識所認為的「陰柔的」那一面連結。每個女人的陰性自我都需要與她整體我中象徵性的「陽剛」那一面結合。

心靈自發地將自身區分為對立面的組合。我們內在的所有原型能量以互補的配對方式出現在意識心智：**陰與陽**、陰柔與陽剛、黑暗與光明、正面與負面。部分的我生活在意識心智中，而另一部分的我，也就是讓整體完滿的互補特質，則潛藏在無意識當中。無意識不斷地以陽剛-陰柔二分來象徵內在力量的交互作用，而這些力量不僅要得到平衡，也相互完滿。它們可能會以充滿敵意的對立面及死對頭等方式呈現，但是仍注定要結合在一起，因為它們是一股能量流的兩個面向。

對立性別的人物通常會出現在夢境中，藉以象徵距離自我最遙遠、距離意識心智最遙遠，同時是處在做夢者無意識深處的能量系統。雖然我們無法預知對某個男子或女子而言，相反性別的意象是代表哪個內在部分，因為這是因人而異的，但是理解一些清楚常見的模式是有幫助的。

在我們的文化中，男性的意象已被傳統制約為認同生命中的

思考及組織的那一面，以及英雄和行動者的那一面，因此，無意識通常會選擇一個女性的意象代表男性的情緒本質、情感能力、欣賞美、發展價值，以及透過愛來建立關係的能力；在許多男人身上，這些能力大多數是無意識的。在男人的夢境中，則以女性的形象出現，帶出讓這些特質浮出意識的需求，也擴展他的「陽剛」自我生命的狹隘焦點。

許多女性的自我架構大多認同於情感、關係、滋養及母性等，也就是傳統上認為是「陰性」特質。心靈的陰性面同時也是理性的，但是所套用的是情感邏輯，是基於情感，基於感知價值的細微差異的理性過程，是透過有別於陽性面的方式而「知悉」，也就是感知**整體**，而不是分析。因此，女性的夢境通常會使用男性人物來代表心靈的另一面，也就是思考邏輯的那一面，透過分析及區別而知悉，去分類、組織、競爭及使用力量。女性可能會發現她的許多態度原則，像是對宗教、哲學及政治的想法，是透過心靈中男性人物代表的那一面所生成的。

雌雄合體心靈的最重要面向就是**靈魂意象**（soul-image）。在每個男人及女人身上都有一個內在存有，它在心靈中的主要功能就是**靈魂指引者**（psychopomp），引領自我進入內在世界，是介於無意識與自我之間的中間人。

榮格對於靈魂意象的察覺始於當他感知到內在的女性存有，她將榮格拉往無意識，體現了在夢境及想像國度中的那部分自己。當她出現在榮格的夢境中時，他發現她是帶著神祕特質的存有，彷彿帶有魔法、半神聖。如同但丁《神曲》（*Divine Comedy*）中的碧雅翠絲（Beatrice）一般，她帶領榮格進入無意識的內在世界，擔任

他的指引者。榮格在其他男人身上也發現相同的原型女性存在，同時也觀察到在女性夢境及生命中對應的男性原型意象。

榮格認為這個內在的人物對應於傳統宗教中靈魂的概念，他將靈魂視為我們內在的部分，將我們與靈性國度連結，同時導引我們前往神的所在，因此，他將男性內在的女性靈魂意象稱為阿尼瑪（anima），而女性內在的男性靈魂意象稱為阿尼姆斯（animus）。阿尼瑪及阿尼姆斯都是拉丁文的靈魂。

關注靈魂意象是至關重要的。它們常常出現在我們的夢境中，在我們發展成為個體的過程中扮演極為重要的角色，影響我們的一生。

阿尼瑪及阿尼姆斯都是我們內在的能量，也是強大的象徵，這兩個靈魂意象是我們要應對的巨大力量。我們天生對於統一體及意義的一切欲望、我們對於將對立面結合在一起的欲望、我們對於進入無意識且探索內在世界的欲望、我們對於發現宗教經驗的欲望，這一切都匯集在內在存有上，內在存有是自我及浩瀚無意識的中介。如果我們不在內在工作中與阿尼瑪或是阿尼瑪斯互動，必然會將它們投射到生命中它們不屬於的區域。

舉例而言，男人可能會將阿尼瑪投射到他的工作，著魔其中，將他的工作變成宗教生活的次級通道。女人可能會將她的阿尼姆斯投射於外在的男性身上，她所愛上的並不是那個人，而是她投射在他身上的靈魂意象。一般人類的愛情常為浪漫幻想所破壞，所有根源就在於將男性的阿尼瑪投射在女性身上，或是將女性的阿尼姆斯投射到外在男子身上。藉此人們試圖透過另一個人來圓滿自己，透過將浪漫投射在外在人物身上來活出自身的無意識及未實踐的部

分。

　　在引言中，我曾談到個體化的歷程。如你所知，個體化是朝向整體內在我的意識化運動。以我們的夢境為範例，我們得以看見個體化有很大的部分是包括將內在的人物融合在一起。個體化不僅僅是將這些內在的能量系統意識化，同時也將它們帶入關係及合一。

　　這個個體化發展的終極產物就是我們可以感知、感覺及自覺描述的某件事物，即便我們還無法掌握這個整體及圓滿的感覺。我們一體存有的整體性，以及我們對於整體性的意識覺知是透過原型來表現的，榮格稱這個原型為**自性（self）**。

　　自性是整合的原則，同時也是整體——整個人。當自性的象徵出現在夢境中，不僅僅表示我們存有的全體，也是我們朝向最高意識的潛在能力，亦即覺知我們內在和在宇宙中的合一性。

　　夢境常會紀錄個體化及自我朝向自性的運動歷程。在多數的夢境中，我們會看見生命中此時此刻的情境，但是同時，假若你將夢境收錄在一起，以集體的方式檢視，它們就是邁向自性旅程的各階段報告。

　　自性有著典型的象徵：圓形、曼陀羅（分為四部分的圓形）、方形和鑽石形狀等，皆為抽象的形象，以表達原型自性。

　　自性出現在所有以四位一體的夢境中，也就是夢涉及四個角色，或是某方面來說強調四的數字。榮格發現數字是原型的象徵，四這個數字從古至今都用於各個宗教中，藉以象徵宇宙的整體性或是靈性發展的圓滿。

　　另一個自性的典型象徵則是神聖或皇家伴侶：是陰柔與陽剛對立面的結合，就像是陰與陽的龍的結合，象徵著自性的最高融合。

還有另一個無意識的能量系統常會出現在我們的夢境中，認識這一點也是有幫助的。榮格稱這個內在存有為**陰影（shadow）**。每個人身上都有一部分的無意識非常接近自我，通常會以與做夢者相同性別的形式出現。陰影是個變形的自我，被分裂於意識自我心智之外，被宣判要待在無意識中。通常陰影包括自我人格中屬於天性的特質及性格，正負面皆有。但是因為某個原因，自我沒能同化這些特質，或是這些特質完全被壓抑下來。有時候，陰影的特質似乎讓人感到尷尬，或是對自我來說是原始的：個體不想承認它們是屬於自己的。有時候，陰影有著自我無法承認的極大的正面力量，因為這可能意味著過多的責任或是對於個人的純真自我形象的粉碎變形。

陰影如何出現在夢境中，完全決定於自我的態度。舉例而言，假若一個人對內在陰影的態度是友善的，同時也有意願要成長改變，陰影通常會以益友的樣貌出現，一個「夥伴」，在冒險路上提供幫助、是個可以當靠山且教導技能的同族兄弟。假若他試圖壓抑，陰影通常會以滿懷恨意的敵人樣貌出現，在夢中化身為攻擊他的畜牲或野獸。相同原則也適用於女人，端賴她與陰影的關係而定，陰影可能會以親愛的姊妹或恐怖的巫婆等樣貌出現。

這些是大多數人首次進入夢境時，覺得有所助益的榮格夢工作的基本概念及模式。在我們開始針對夢境範例工作，以及在接下來的章節中學習實用的步驟時，這些概念及模式會更加清晰。

四步驟模式

在我們開始步驟一之前，先簡短預覽接下來的內容涵蓋的四個基本步驟，是有幫助的。這四個步驟是：

1. 聯想。
2. 將夢境意象與內在動力連結。
3. 解讀。
4. 施行儀式來讓夢境具體化。

在步驟一中，我們透過回應夢境意象而從無意識中浮現的聯想來形成解讀的基礎。每個夢境都是由一系列的意象所組成的，因此我們的工作就從發現那些意象所擁有的意義開始。

在步驟二中，我們找尋、發現夢境意象所代表的內在部分。我們找到由夢境情境所象徵的內在運作動力。接著，來到步驟三的解讀，我們將前兩步驟所收集到的資訊放在一起，全面檢視，並得出對夢境意義的看法。

在步驟四中，我們學習利用儀式更意識到夢境，讓夢境的意義更加清晰地銘印在我們內心，賦與具體的直接經驗。進入步驟四時，我們會討論針對儀式及儀典的運用方式，再次與無意識連結。

帶著這個簡要路徑圖，我們要開始進入步驟一。

步驟一：聯想

針對任何一個夢中的象徵，無意識準備好要提供能解釋象徵意義的聯想。無意識包括了對每個象徵所生成的各式參考資訊，也因此其象徵語言得以被解碼。當我們為了回應象徵而喚醒從我們身上自發流出的聯想之際，我們的任務就開始了。

　　首先，仔細查看你的夢境，並逐一寫下針對每個夢境意象的聯想。夢境可能包括人物、事物、情境、顏色、聲音或是話語。就我們工作的目標而言，每個都是獨特的意象，也需要逐一檢視。

　　基本的技巧是：先寫下出現在夢境中的第一個意象，接著問自己：「我對這個意象有什麼感受？看著它的時侯，我的心中浮現哪個字詞或什麼想法？」**聯想**就是當你看著夢境中的意象時，任何浮上心頭的文字、想法、心理意象、感受或是記憶，也就是本能地與意象自動連結的**任何事物**。

　　通常每個意象都會啟發出好些聯想，每個意象都會在心裡帶出特定的人物、文字、語句或是記憶。逐一寫下直接從意象而來的每個聯想，接著再回到意象檢視浮現心頭的其他聯想。就這樣持續回到夢境的意象，並且寫下你心中生成的每個聯想。只有在你寫完針對那個意象所發現的所有聯想，才接續進入下一個意象，重複相同的歷程。

　　起初，你可能覺得這個工作很繁冗，但是在做過幾次之後，你會發現這個技巧的驚人力量，引領你進入夢境象徵的意義，你感受到這份努力是值得付出的，同時開始明白象徵對人類所帶來的巨大力量：象徵自發地將我們連接上內在那渴望接觸的深入部分。

　　在這一刻，你不該試圖決定哪個聯想才是所謂的正確的那一個。通常來說，第一個浮現的連結，那個看起來顯而易見的連結，

　　　　　　　　　　與內在對話：夢境・積極想像・自我轉化

在這個工作歷程的後期，你會發現都不是最佳的聯想。無意識並不遵循自我邏輯之道，那個讓你感覺傻氣的、稀奇古怪、非理性的聯想，可能會在你工作一陣子之後變成最有道理的那一個。有時候，**所有**的聯想都與你的夢境有關，即便起初它們看起來是相互矛盾的。因此，在這一刻，先不要試圖從中選擇，只要寫下所有的聯想。

假設你有個夢境是這樣開始的：「我在一間藍色的房間裡。」你要工作的第一個意象是藍色，你可能冒出如下的聯想：

藍色：悲傷或是憂鬱：「藍色憂鬱心情」、「我得了藍色憂鬱」。
藍月。
明亮的顏色：冷酷、超脫的意識，相對於鮮活的、帶有情緒的紅色。
我的藍色毛衣。我通常都穿藍色的。
奶奶的客廳，總是藍色的。
自吹（blew），讚爆了（blown away）。
「真藍」（true blue），意指誠實與忠誠。

無意識在某個情境生成藍色，但是在另一個場景則是紅色，或者在另一個情境則是黑色等，這一切並非意外。藍色之所以用上了，是因為這個特定的顏色表現出無意識內部正在運作的動力。對無意識而言，藍色的意義會在無意識針對這個顏色產生聯想時找到。

視做夢著而定，這個顏色可能代表清晰和超然的沉思。當我們進入步驟三的解讀時，最後可能會發現，這個象徵的使用意味著某個全然被情感所控制的人需要多一點的冷酷及清明。但對另一個人而言，可能最後會發現，藍色代表某項評論，認為事情太過冷酷、過於抽象，沒有足夠的如血紅一般的人類能量，或是酒神戴奧尼索斯的情感（Dionysian feeling）。

對某個人來說，藍色的房間可能代表憂鬱的感受：夢境在此處應該是關於「我覺得憂鬱」或「我很鬱悶」等口語表達。你的聯想可能是你對於那個顏色的一般反應：「身邊有藍色事物時，我感到安靜且平和。」

對你而言，無論這個聯想有多牽強都無關緊要。這個階段的夢境工作只要從無意識中收集資訊。實際上，你是在詢問無意識：「對於**你自己的象徵，你**聯想到什麼意義？」

每個人都會得出許多不同的反應，目的在於找出你自己獨有的聯想，而不是別人根據書籍或是心理學的理論告訴你它們**應該**是什麼。因此，不要因為你的聯想而覺得不好意思、不要審查它們、不要讓它們聽起來更高雅或更「合宜」，只要在它們出現時接受。

直接聯想

每當你連結之後，確保再回到原來的夢境意象，從原來的意象做出新的聯想。一再回到夢境的意象重新開始，不要去做連鎖的聯想。

所謂的連鎖聯想，是當我們針對**聯想物**的連結，而不是針對

原始夢境意象的連結（這也稱作「自由聯想」）。你做出第一個聯想，接著針對所聯想出的事物再做出另一個聯想，然後針對那個內容再做出另一個聯想，直到你做出一長串的聯想。如果我們這麼做，就再也回不到原始的夢境意象。

連鎖聯想的例子可能像這樣：

藍色→悲傷→醫院→珍妮姑媽→蘋果派→溫暖的廚房

你可以清楚看見這個連鎖讓我們與原來的意象藍色離得愈來愈遠。當我們聯想到「醫院」或是「珍妮姑媽」時，我們就失去了和藍色的任何直接連結。

正確的聯想方法可以比喻為輪子，夢境的意象是輪軸，聯想的內容向外輻射，就像是從中心發散出的輪輻。所有的聯想都是出自原本意象而接續發展。進入下一個聯想之前，我們會一再回到輪子

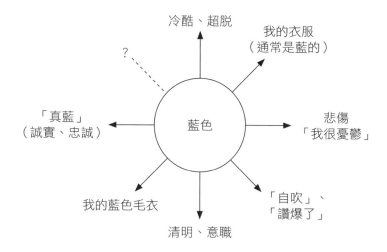

的中心。我曾經認識一個女子就是以這個方式分析夢境,她將每個夢中意象都圖解表示為輪子的中心。

對於俚語的敏銳度

許多自發出現的聯想都是出自俚語。無意識常使用符號帶出俚語中會使用的語句,像是「我憂鬱」。這是因為俚語打從古時候就有,那是我們的語言有著更豐富的具體意象也更接近原型的時代。俚語出自單純且實際的每日生活,因此是無意識的絕佳語言。

常見的夢境母題之一是飛翔。如果你發現自己在夢境中飛翔,這意象可以在你心中帶出豐富的俚語,像是「我的心緒高高飛起」、「我的心思飄在雲端」、「我需要更實際一點」。

這些豐富多彩的語句表現出我們所謂的**自我膨脹**（inflation）。當我們陷入權力的系統當中,自我得到膨脹;當我們迷失在以常理人性為代價的理想或是抽象情境時,當自我過於認同某個原型而被吹捧膨脹,失去了對於自身限制的感知,接著,我們就開始「高飛」,而對治的方法就是「把雙腳踏實地帶回地面」。

相同的,當夢境說某人是「吹煙霧」（blowing smoke）或是「脹滿熱氣」（full of hot air）,我們立刻就明白這個夢嘗試要表達的（吹噓、光說不練）。如果夢境中出現寶石,你可能會問這個夢境是不是在說你「是個寶石」;相反的,如果夢境說「他是個蠢蛋」,我們也會思考如何適用於自己身上。

運用「恍然大悟」法

我們該如何從眾多聯想中選擇，哪一個聯想會引導我們正確解讀？

榮格有個答案，聽起來再簡單不過了。他說，其中一個聯想會讓你「瞬間就懂了」。當你檢視完各個聯想之後，其中一個會在你心中生成巨大的能量，你完全明白這個聯想如何與夢境中的其他象徵搭上線，或者你可能感覺到內心有個痛處或是困惑點被碰觸到了。你可能會發現這個聯想讓你看見你過去從未見過的內在事物。在那一刻，你內心深處知道：**一切都說得通了，你明白了**。

雖然這個方法聽起來過於簡單，但卻是可靠的。你要記住，夢境來自能量。想找出夢境象徵本質的一個方法就是前往能量所在，前往那個帶出奔騰能量的聯想。每個象徵都是經過思量要激勵我們、喚醒我們的，原本就是與底層無意識的能量系統綁在一起。當你的連結相當接近於能量的本源，瞬間火花飛舞，好比你碰觸到帶電的線路。你本能地感覺自己相當接近夢境背後的能量：聯想讓你恍然大悟。

有時候，一開始的時候並不清楚哪個聯想才是最正確的或是有助於了解夢境。在這樣的情況下，最好先把它放在一旁，繼續下一個象徵。不要把自己鎖在象徵的某個意涵上：保持開放的心態，直到你能夠將整個夢結合在一起為止。讓自己對象徵的理解自然地在內心生成，不強迫，不驟下結論。

夢境工作實例：修道院

針對聯想步驟的範例，接下來我們要看一個實際的夢境，以及做夢者在夢境工作時的聯想筆記。受限於時間及空間，在此我只記錄夢境中的些許意象及其聯想。

做了這個夢的女子來自義大利的天主教家庭。當她進入成年期階段，她開始反叛自己的拉丁背景及兒時的宗教信仰，轉而投入禪宗佛教的哲思及靜坐修行。這個夢暗示出她返回自身的文化及宗教根源，同時讓她跟兒時版本的文化宗教告別。夢境讓她看見自己可以在內心結合東西方，忠於她一致的本性。

夢境

我在修道院的迴廊上，一間緊鄰禮拜堂的房間或小室。格子窗把我和人們、教堂的其他部分隔開來了。彌撒開始，我獨自在小室裡參與。我盤腿而坐，維持坐禪的姿勢，但是手上拿著我的念珠。隔著格子窗，我聽見呢喃回應，聲音讓人感到寧靜。我閉上雙眼領受聖餐，即便沒有任何人也沒有實際的東西進入我的小室。彌撒完成後，我發現房間邊緣花朵正綻放，我感受到深層的寧靜。

步驟一：我的聯想

修道院　　宗教生活、正式的宗教生活、社群、兒時的宗教、沉思、犧牲、在義大利及西班牙的中世紀禮拜堂、與世隔離、我差一點就要加入的禪宗寺院

房間／小室	容器、子宮、生命形式的基本組成物、保護、獨立於集體之外、個體化、必須獨行的道路、在任何集體認同或舒適感之外的
彌撒	全體，等同於宗教經驗的集體形式、以神父為中介的集體崇拜、我獨有的集體宗教形式、我在朝向個體化過程中所遺留的形式、就差一步，我需要參與宗教的經驗但是不去認同集體、內在經驗的外在形式
聖餐禮	最後的晚餐、基督的犧牲、聖餐、我一直痛恨的那首聖餐禮詩歌、在三個小時禁食過程中暈倒、神祕結合、與之合而為一，等同於起-合（com-union）、聖餐變體論，等同於轉化、以非實體的形式進入，等同於必須在內在平面中經驗，向內的而不是集體的
坐禪	修行靜定、我在一開始修行時就感受到的熟悉感，仿若回家一般、不帶教條的修行、經驗而非教義、不同於我的出身、當我明白自己也無法「歸屬於」禪宗集體時的哀傷、我必須拒絕的禪宗寺院
格子窗	分離、部分分開、與集體世界的交流，卻是帶有分辨的交流、分離的認同、分離的意識

以上的例子說明，當我們真的專注在夢境的意象，同時找尋浮上心頭的每個聯想時，無意識自發呈現出豐富的材料。即便我們沒有完全檢視所有的意象，仍能得到這一切的素材。

如果你仔細檢視這個女子到目前為止的聯想，你可能已經明白各個意象之間所形成的基本關係，也發現不同的聯想放在一起時似

乎是前後一致、有道理的，你會明白這些聯想最終是如何帶出她的解讀。

這個夢境為做夢者提出忠告，提醒她成為個體的權利及必需性。夢中強調她要活出宗教本質，她必須參與神祕性，但是不認同任何特定的外在及集體版本的宗教。在夢境裡，她參與其中，卻仍然能獨立於群體及群體版本的宗教經驗之外。這並非因為她是菁英主義者，而是那是她的本性也是她的個人之道。

領受聖餐、但沒有任何實質接觸的夢境內容正符合她對夢境的理解。她必須直接經驗神，亦即超越轉化，但是她必須是以朝內的、個人的方式來經驗，而不是認同一個集體的、符合文化版本的經驗。在她的聯想中，她記起自己也曾經想過為了參與社群而加入佛教的寺院，隸屬於某些事物，以集體定義的方式來跟從團體。但是，就如同她無法跟隨天主教義一般，她也無法依從佛教教義而為。

對她而言，這個解讀的好消息是，她可以帶著新的了解回到天主教及基督教的傳統，她因此得以參與其中，同時看見在文化及集體形式中心的本質精神。她可以在社群中，但是不被社群所吞沒；她可以參與，同時以她獨有的方式維持個體性。

彌撒結束後，她所在的小室盛開花朵，她發現那正是新生活及新意識的象徵，這份新的意識得自於她在夢中將兒時的宗教經驗及成人的精神體驗結合。更正確的說，花朵表現出結合的本身。這樣的象徵指出原型，亦即自性，透過揭示對立事物背後的中心現實而超越了對立兩極，從而將兩者合一。

花朵不僅僅只是陰性面的象徵，也是聯合我的象徵：在基督宗

教中，是代表基督的玫瑰；在東方的宗教信仰中，則是表述萬物歸一的千瓣蓮花。透過這個做夢者的個人之道，也就是禪定之道，她將自我的花朵帶入生命而綻放。她發現普世的精神核心就在她的基督教根源及禪定經驗之中，既超越兩者，也不認同於兩者的**外在**形式。

這個夢之後的結果是，有些重要的事情在這名女子身上發生了。當我們進入夢境工作的步驟四，也就是施行儀式來表達夢境意義時，我們會再回到這個修道院之夢。做夢者對於夢境之後施行的儀式，以及在那之後發生的事件都是相當具有啟發性的。

運用原型擴大法（Archetypal Amplification）

另外還有一個方法可以找出夢境意象的聯想：**原型擴大法**。基本上是透過進入神話、童話故事及古老宗教傳統等資源，收集出現在夢境中的原型資訊。

在修道院之夢，我已經給了一個簡單的實例，我自然地將這個女子房間裡出現的花朵聯想為基督教、佛教及其他宗教中原型自性的象徵。這也接續將我們導入關於自性的其他已知訊息中，我們知道是超越功能將對立面結合在一起的，它將我們整體的破碎面匯入**統一體**，所有這一切大大擴增了我們的意義感和感知夢境的力量。

榮格之所以開始認知到原型，是透過觀察到相同的原初象徵不僅出現在古老神話及宗教中，也出現在現代人的夢中。他驚訝地發現人們的夢境所出現的意象會指出相當古老的象徵，可能是出自截然不同的文化，而這些文化經驗不可能是做夢者的意識心智所

知悉的。從這些經驗中，他開始明白我們的夢境所抓取的素材源自於所有人類集體無意識深處那些普世且原初的根源。當我們與象徵相遇時，我們會更加清晰地看見夢境中的象徵是如何搭上那些普世的能量流，就如同榮格所得到的，出自於神話、宗教及其他古老源頭。

進入原型所出現的神話裡，發現整體人類種族與那個原型的集體關聯，是可能的。我們可以在神話中讀到原型包含了我們的所有特質，這些特質是與原型象徵意象相關的。

榮格指出神話及童話故事是無意識的象徵表現，夢境也是。在某種意義上，神話及童話可以說是人類種族的集體夢境：它們反映出一個部族、一群人，或是一個文化的集體無意識，而非個體的局部或個人的無意識。因此，它們是原型資訊的豐富源頭，可以回溯到前意識時代，當人類種族更接近其原型根源的時期。我們也可以檢視深奧的哲學傳統，像是中世紀的煉金術及古老的占星術等，同樣可作為原型的資訊來源。

在你的夢境中出現的原型帶有普世的特質，是一股流入每個人的能量流。因為原型是普世的，其意象也是普世的，每個原型都會以自有的特徵意象來表述自己。

以智慧老人的意象為例，跨文化跨人種，無處不在，意象則因所處的神話及文化表現而異。但是一旦你學會辨識，你會在印度人的夢境看見他，也會在西方人的夢境中看見他。

他可能會以聖彼得握著前往天國的鑰匙的形式而出現，就如同他在榮格的夢境中所表現的樣貌；他可能以天父上帝的擬人化形象出現，就如同米開朗基羅在西斯汀教堂屋頂所看見的靈顯；又，或

者他會以**禪師**（roshi）或是**菩薩**（bodhisattva）的形式出現在佛教徒的夢中；以**上師**（guru）或**苦行僧侶**（sunyasin）的形式出現在印度人的夢中。

　　一個共同的特質會貫穿在智者的象徵意象中，那是一份超越世代的智慧，不受年齡限制，讓人感覺是在時間流之外。我們可以在現代神話中發現他的存在，英國作家托爾金（John Ronald Reuel Tolkien）這麼說：

　　他的髮絲烏黑就如同黎明曙光的陰影，髮上有著銀環頭飾；他的雙眼就如同清明傍晚的灰白色調，發出如同星辰的光亮。他就像是飽受寒冬加晃的國王般讓人敬畏，他也像是孔武有力的忠誠戰士般的強壯。

　　　　——托爾金，《魔戒現身》（*Fellowship of the Ring*，頁 299。）

　　原型擴大法是從辨識出個體夢境中的原型存在開始。包含原型的夢境通常帶有神祕的色彩。代之以每日生活世界的場景，夢境將你帶入古老的、另一個時空或是如同童話故事一般的地方。你發現自己身處傳奇發生的地點，像是巴格達，有精靈、魔毯及魔法師的時代。另一個原型跡象就是當事物比平常來得大或是來得小。原型也可能以非現實世界動物的形象出現，像是會說話的獅子、獅身鷲首的怪獸、龍、飛馬等。

　　原型的人物通常帶著皇家或是神靈的氛圍。古老的希臘人將原型擬人化為諸神，祂們透過形塑命運的外型而創造世界，或者將原型擬人化為英雄與英雌，深陷於諸神所策動的力量當中。

人類本性中的大母神特質則會顯現為感官之愛的女神阿芙羅黛蒂（Aphrodite），或是家庭與爐灶女神赫拉（Hera），或是農業女神狄密特（Demeter）。若是在印度世界，我們會發現大母神擬人化為迦梨（Kali），祂是同時庇佑又毀壞的可怕女神，在自然的永恆迴圈裡賦予生命、奪取生命。

　　這些偉大的原型表現會出現在平凡人的夢境中。我們每個人都是通道，這些原型力量必須透過我們的通道而成為具體的存在。我們以自身的實體生命來**體現**這些原型。我們的個別生命就像容器，讓原型得以在地表具體化；我們的個別生命是讓他們為永恆宇宙奮戰的戰場，也是讓他們表演普世戲劇的舞台，具象表現在每個人的生命中。

　　一旦我們辨識出某個角色是個原型，下一步就是進入神話和這個原型出現的其他源頭。你夢中的人物或事件可以讓你靈光一閃，想起聖經中的一段話或是亞瑟王時代的偉大故事。你進入源頭檢視這個夢境中的偉大原型所要傳達給你的，它有什麼特徵？它在人類生命中扮演什麼角色？舉例來說，如果是大母神，你就進入那個擬人化的偉大女神神話中，進入迦梨的表現中，或是進入聖母的各式顯像中。

　　當你對夢境人物的資訊進行擴大法時，你會持續先前的個人聯想：寫下從神祕來源所浮上心頭的聯想。假若它們從你的內在引出了能量，假若它們感覺上是有道理的，那就試試看，看看它們對於你是誰、你內在正運作的力量有什麼看法。

運用個人聯想

現在要提醒你的是，不要拿所謂的解夢書及符號字典來代替個人聯想。

許多人在試圖了解夢境時會不假思索就去看符號字典，查閱夢境中的每個象徵，寫下字典提出的標準意義，以為如此一來就是「解讀了」自己的夢境。如果你使用這類方法，你永遠都不會接近夢境為你個人帶來的特殊意涵。

這些方法是基於錯誤的假設：認為每個符號都有標準的集體意義，對任何人或任何夢境都是一體適用的。如果真是這樣，的確會相當方便，但是實際上並非如此。

以為夢的詮釋有現成成套的指南可循，以為我們隨手買一本解夢指南，查查裡面的特定象徵就可以解夢，乃是愚不可及的想法。**沒有任何夢的象徵可以跟做此夢的人分開……**。每一個人依其無意識補充或補償意識心智的方法而有所不同，因此我們不可能確定夢及其象徵能夠進行任何明確的分類。

的確，有一些夢和單一象徵（我比較喜歡稱之為「母題」）很典型，且經常發生。這些母題有墜落、飛行……東奔西跑卻到不了任何地方……但我要再一次強調，這些母題必須在夢本身的脈絡中來看，而不能視為可以獨立解釋的暗碼。

——榮格《人及其象徵》，（*Man and His Symbols*，
繁體中文版，頁 39。）〔作者加入重點〕[1]

在你夢中的每個象徵，有著只屬於你的特殊意涵及個人意涵，就如同夢境終究是你獨自擁有的，即便象徵帶有集體或是普世的意涵，它仍然有你個人的色彩，也只能從你內在得到完整的解釋。

這就是為什麼徹底進行步驟一是如此重要：找出屬於你的聯想，找出從你的自身無意識而來的聯想，不要接受從標準解讀而來的代替品。

當我們進入原型擴大法時，這個建議更加重要。人們會過度投入找尋與神話的連結，而忘了自己對於象徵也有個人的聯想，這一刻你感受到強大的誘惑力要你轉往符號字典，發現神話中對於這個象徵到底是怎麼說的，而你就在那兒停下了。

如果我不去找出對於原型的**個人**連結，那麼這一切都是沒有意義的。這個原型存在於我身上，透過我而作用，藉由我而活出生命。當它出現在我的夢境中，意味著在自我及原型之間有些事物正在發生，有什麼正試圖發展，我必須釐清，看清它是如何與我的生命、當下，以及今日產生關聯。

只說「啊！那是大母神的原型」是遠遠不夠的，給夢境人物貼上大母神、阿尼瑪及陰影等等抽象標籤，然後就放下不管，這是不夠的。我們必須往更深處走去，我們必須問：「這個原型在今時今日、在我的個人生命中有何作用？這跟我、跟我這個人有什麼關係？」

嚴格地說，並不是每個人都要涉入對神話、比較宗教學、煉金術等研究，以發現象徵的普世意義。當無意識使用一個象徵時，它本身已經包括了象徵的意涵，它已經知道象徵的內在參考意義，因此，如果你追求夢境意象的個人聯想，無意識遲早會生成適合的原

型連結。

　話說回來，知道象徵對他人的意義為何，以及它是如何出現在集體神話與民間傳說中也會大有幫助，這個知識可以縮短歷程，也可以驗證自然而然流淌出的個人聯想。

1　編註：本段引自 Jung, *Man and His Symbols*, p.53。

步驟二：動力

在步驟二中，我們將每個夢境意象與內在生活的獨特動力連結，辨認出夢境中以意象呈現的內在我。

這個連結的原因很重要：我們需要釐清內在正在發生的事，而這是透過夢境中的情境表現出來的。如果我們無法將夢境和特殊的事件、感受或是其他生命中的動力連結起來，夢境就沒有意義，只是個娛樂罷了。

要執行這個步驟，我們要回到起始點處理每個意象，一次一個。針對每個意象都要問：「那是我的哪個部分？我最近看見它在我生活的什麼地方運作？在哪個人格特質看見相同的特徵？在我內心，它是誰？感覺起來像誰？行為舉止像誰？」接著，寫下每個你能想到的例子，透過這些例子，你內在的那部分已經在你的生活中表現出來了。

使用**內在動力**一詞時，我們指的是任何在你內在發生，任何在你內心、同時從你內心而生的能量系統：可能是情緒事件，像是氣憤；也可能是內在的衝突、一個透過你而運作的內在人格、一份感受、一個態度或是一種心情。

假設我們針對有**藍色**這個字出現的夢境工作，你寫下關於那個字的所有聯想，讓你「恍然大悟」的是**憂鬱**、壞心情、得了「藍色憂鬱」。在步驟二中，你找尋內在的「藍色」特質：「我內心的藍色特質在何處？我的哪個部分是憂鬱的？」浮現的答案可能是：「我在我的工作上是憂鬱的。」以這樣的方式來質問自己，你開始明白這個意象是如何與你的部分真實相關。

通常我們沒有覺察自己已經陷在憂鬱裡，我們是如此忙碌以至於沒有時間聚焦內在發生的一切。舉另一個例子，某件相當好的事

　　　　與內在對話：夢境‧積極想像‧自我轉化

可能正朝內發展，一股新的力量正在浮現、某個傷痛得到療癒或是某個長期慢性的畏懼感消失了，但是我們卻沒能領會。我們必須問自己：「這個夢境告訴我**內在**發生了什麼？」接著，我們就能覺醒於內在生命所步上的道路。

我們必須找出生命中最深層的那個獨特的內在事件，而且需要發現**具體實例**，直到找到生命中對應於夢境事件的實例之前，這個步驟都尚未完成。

我們也需要繼續書寫。基督教會有個古老的傳統，在移動雙唇之前，我們都還沒有禱告。這個說法述說的是心理的真實性：某些**實際的**事物必須發生。這就是為什麼在紙張上寫下實例是如此重要：當你實際寫下實例時，它們與夢境的連結就顯得清晰可見。

將夢境帶向內在

在夢境工作的這個階段，總會質疑到底這個夢境是在談**內在**生活或是外在情境。我們有時候會問是否該將夢境帶向內在。

多數的夢境是針對做夢者內在發生的表徵。夢境通常述說我們內在力量的發展、當中的價值與觀點衝突、試圖獲得聆聽的無意識能量系統等，都試圖找尋路徑進入我們的意識生命。

總的來說，我們的夢境主題是關於內在的個體化歷程。多數的夢境，或多或少都是在描繪我們朝向圓滿的個人旅程。它們展現這段旅途的各個階段，冒險、困境、衝突及和解等，最終引領我們進入自性的覺知。就某方面來說，每個夢境都展示出我們試圖將無意識部分整合到意識，或是我們對於內在的抗拒，我們如何與之設下

衝突而並非向它學習。這是夢境所呈現的關鍵主題，也是我們在夢境中應該找尋的。

一開始的時候，許多人會覺得想像一個完整的內在世界是困難的，這個世界存在於我們的內心，同時平行於外在世界。對某些人而言，明白夢境生活中有很大的部分是關於內在世界是困難的。我們的文化教導我們聚焦於外在世界，因此我們很快結論出，夢境說的是關於**外在的**事物。這是我們接受的集體偏見，我們自然假設只有外在的世界是重要的。

當我們開始明白幾乎每個所為、每個反應、每個決定、每份關係，最終都出自於我們的內在特質及內在動力，內在世界的真正重要性就會變得愈清晰。每件事都是受到內在的巨大能量系統所控制，它決定了我們多數所思所為。

如果你將夢境視為內在無意識動力的映射，很可能就抓到問題的核心；然而，如果你將夢境套用在外在層次，它通常會變得表淺。唯有在內在的層次，你才能夠深刻改變生活的模式，你的夢境通常都是針對內在層次的。

偶爾，夢境指向做夢者外在的事物，與做夢者內在生活沒有直接關聯。有時候人們會在戰爭爆發前夢到巨大的戰爭或是災難，有時候會夢到遠方的朋友或是親人發生事情了，後來發現一夢中的。然而，一般而言，夢境中的象徵涉及的是做夢者自身的內在生活。因此，那是我們著手開始的最佳假設。

我記得曾經有個個案帶著夢來見我，夢中他的朋友開車瘋狂加速衝入一棟建築物。他害怕這個夢境是在預言一場車禍意外，不確定是否該警告朋友。我對他說這個夢很可能是使用他朋友的意象

　　與內在對話：夢境‧積極想像‧自我轉化

來象徵他個人生活的膨脹感，那是一股逃逸的衝動，或是「權力擴張」，或是即將失控的熱誠。在此同時，為了以防萬一，我也建議他不要與那個開快車的朋友同車。

最後發現，我們的解讀是正確的。做夢者得到新工作，一開始的感覺就像是成了大人物，失去理智的同時也落入「權力擴張」的情況。幸運的是，因為這個夢境早已對他提出警告，他看見自我膨脹感，在可能的傷害發生前讓一切都在控制中。至於在夢境中撞車的那個朋友，他依然瘋狂開車。

在與這個議題角力多年之後，我所得到的最佳解決之道就是：永遠都從向內套用夢境開始，假設夢境代表內在動力，在那樣的基礎上工作；之後，如果夢境真的指出外在的情況，隨之調整你的解讀。

之所以採取這樣的方法是有好理由的，首先，我們先前已經提到，多數夢境指出的是做夢者內在發生的事。因此，從這個假設開始是有道理的，不然你可能會錯失夢境帶來的重要訊息。

其次，我們必須針對外在世界的集體偏好有所補償。唯一能夠做到的方法就是強迫自己，帶著自我紀律的約束尋找夢境的內在意義。一旦我們開始將夢境套用在外在生活中，就會迷失在臆測身邊熟識的人物、所涉入的一切情境，永遠不會再回頭探索真正的主題：那個創造外在情境的**內在**情境。

即便是夢境直接評論外在情境，你依然可以假設有個內在動力涉入其中。就某方面而言，你與外在人物或是情境的關係受到那些纏上你的幻想、那些主宰你的內在態度、內在信念及意念所影響。

花時間試圖理解外在情境是沒有用的，除非你同時區辨出那

些從內在造成影響的心理模式，通常你的夢境所指明的就是那些模式。

人們仍然常會對這個議題感到困惑，因為無意識有個習慣會從外在情境中**借取**意象，使用那些意象來象徵做夢著內在發生的事物。你的夢可能會借取你的隔壁鄰居、配偶或是父母的意象，並使用那個意象來指涉你內在的某件事物。

舉個例子，讓我們假設有個極度偏見且自以為是的男人。某個晚上他做了個夢，夢中出現他的妻子試圖與他爭論他的態度。事實上，他的妻子是個思想開明的人，有彈性、喜好追根究底、聰明有才智，她對於其他人的觀點總是興味盎然。在這個例子中，夢境可能就是借用妻子的意象來提醒他不要那麼自以為是、少些防衛、更多開放態度來接受新想法。這個能力是要他去認同他的內在陰性面，因此他的無意識在這個夢中選擇了妻子意象為代表。借他的妻子為象徵，這個夢試圖讓他從內在的可能性中覺醒。

自然的反應是：「因為我的妻子出現在這個夢境中，很明顯是在說我的妻子或是我與妻子的關係。」這是自然的結論，但是實際上通常不是這樣的。夢境很可能是借用妻子的意象來代表做夢者內心的特質、內心的衝突，或是某件內在發展的事物，與外在的妻子是少有直接關聯的。

在這個情境下，做夢者需要理解好些事。首先，他需要明白自己有個**內在的**妻子，不同於他的外在妻子，她活在他的內在世界，是他自己的一部分。接著，他必須停止因為與內在妻子的衝突而去指責現實生活中的妻子，最後的結果就是他與他的內在起衝突。最後，他必須嚴正看待內在妻子和內在陰性面。他需要試圖了解她到

與內在對話：夢境・積極想像・自我轉化

底代表他自身哪個部分，了解她嘗試跟他溝通什麼。

　　這或許就是夢境工作的最重要原則，這個原則將決定你是否能發現夢境的智慧。我們必須辨識出夢境是象徵主義底下錯綜複雜的織錦，而每個意象都代表內在發生的某件事物。

　　有時候，簡直難以抗拒想從表面來理解意象的驅力，特別是與出現在夢境中的人物有衝突時。我們想拿夢境作為藉口來指責外在的人物或是欣喜於自身的正當性。但是假如能抗拒那個誘惑力，取而代之的是尋找夢境以象徵方式所表述的內在特質，我們反而會因此學到唯有如此才得以看見關於自身的美好事物。

將意象與具體的特徵連結

　　要將特定的意象與自身連結最直接且實用的方法就是，問自己有什麼特質與這個意象是相同的？夢中那個人的主要特徵是什麼？你會如何描述他或她的特徵及人格？你在自己的哪個部分發現相同的特質？

　　如果那個意象是個生氣的人，你在內心何處找到生氣的特質？假若是個樂天派的意象，你在內心何處找到那相同的特質？

　　我們身上都有一組基本的特徵，而其他的人格特質都是出自這組基本特徵，包括我們的感受、信念系統、態度、行為模式，以及我們所堅持的價值。所有的特徵出現在我們的夢中，只要我們尋找就能辨識出來。

　　每個夢都是做夢者的肖像。你可能會認為自己的夢是面鏡子，反射出內在的性格，也就是那些你不全然覺知的人格特質面向。一

旦我們了解這一點，明白夢境中所描述的特質勢必存在我們身上某處，無論我們是否覺知或承認其存在。無論夢境人物有什麼特徵，無論他們有哪些行為，某方面來說，對做夢者而言都是真實的。

當我如此論述時，並非意指夢中出現的特徵或行為要從**字面上**的真實來理解，也就是完全是夢中所描繪的那樣。夢境通常會以極端的形式來說話：試圖以極端戲劇化的意象表現來補償我們對於某份特質的疏於覺知。

舉例來說，如果你的夢中有個小偷，這並不是字面上所示，你是個小偷。夢境使用這個戲劇化的意象來得到你的注意力，讓你知道自己必須對某件內在的事物覺醒，這可能是你在某方面對自己不誠實。如果真是如此，你需要有所覺知、面對。但是小偷的意象可能也意味著你將某些內在的美好特質壓抑住了，打個比方，就是將它「關在」你的生活之外；它能再度回到你生活的唯一方式就是像個竊賊一樣，「闖入」。

因為我們通常將自己最好的部分壓抑下來，認為它們是「負面的」特質，自性最豐富的部分，即便是出自於神的話語，只能夠透過「偷」時間的方式來參與我們的生命，透過衝動及精神官能症狀來偷取我們的能量，同時在我們卸下防衛之時、在不受保護之處，溜進我們的生命：

弟兄們，論到時候、日期，不用寫信給你們；因為你自己明明曉得，主的日子來到，好像**夜間的賊一樣**。

——保羅，帖撒羅尼迦前書 5:1-2（Thessalonians）

我們的自我將世界區分為正面的及負面的、好的與壞的。假若我們能將大部分的陰影面向，也就是那些我們視為「負面的」特質，帶入意識中，它們事實上是有價值的優勢。那些看起來不道德的、野蠻的或是讓我們感到羞愧的，都是帶有價值能量的「負面」那一面，是我們可以運用的能力。在無意識當中，你不會找到任何事物是沒有助益、不好的，只要我們能把它們帶入意識、帶入正確的層次。

　　哪個部分會掩藏在小偷的象徵背後？或許是個機靈的搗蛋鬼，帶著各式令人驚訝的才能；也或許是你內在的少年犯，從未得到允許長大，沒能將英雄般的驅力投入有用的事物上，然後成熟長大；又或許是酒神戴歐尼索斯，祂必須躲藏在無意識之中，因為在你有目標的生活中沒有任何自然的空間可以接納祂狂喜及抒情的精神。

　　一旦它出現在你的夢中，只有你能夠說出這個象徵到底代表哪個部分的自己，因為是你的無意識看守著這些線索。你可確定的是，一旦給予它所屬的地方，聽它想要說的，你內在有價值的部分就能揭露出形。

　　奇怪的是，人們通常會抗拒自身的好特質，甚至比抗拒面對自身的負面特質來得更強烈。你的夢境中可能會出現一個角色，有著高貴行止且饒富勇氣，因為那個內在人物是屬於你的一部分，它的特質也是你的一部分。只要你毫不含糊地面對負面及不成熟的特質，你也有責任認可內在的美好特質，有意識地活出它們。

看待信念、態度及價值

我們的夢會不斷地對我們訴說自身的價值及態度。價值及態度之所以有著如此關鍵的重要性，是因為它們主要決定我們的所做所為、我們如何與他人建立關聯，以及我們對於多數的情境是如何反應。大多數的人並沒有覺察到自己是如何被信念所控制，甚至更少覺察到自身的態度系統是如何處在無意識當中。

沒有人能決定他或她會從哪個信念及態度開始。我們都是帶著一組由自身之外的世界所決定的態度來開始人生，包括家庭、部族及社會等身外世界。通常我們並不清楚自己帶著這些態度，即便是當我們意識覺知這些信念，我們認定它們是正確無誤的，鮮少想到要質疑它們。

在某個特定的時間點，我們的夢境會開始挑戰、點出這些價值態度，因為內在的成長歷程要求我們有意識地檢視每件驅動我們的事物。如果你檢視夢中各處浮現的信念系統，可能會找到對權力瘋狂的獨裁者、偉大的將軍、聖徒，或是住在內心的智者，各自帶著全然相符的態度。當這個意象出現時，你應該問：「這個特質是憑藉那一組的信念而生、憑藉那個意見而運作？我是否無意識地持守著相同的意見卻不自知？」

拿破崙的意象就是代表一組特定的信念、一個對應於現實本質的觀點；甘地的意象則象徵著一個截然不同的關於生命、人民及權力的態度。你可能會發現兩者同時存在你心中。

有個自由開放的年輕人認定自己對於世界的權力毫無興趣可言，只想為窮苦人家做點什麼，在他拿到專業證照的那一天做了這

個夢：

夢境

當我走到約定的會談地點，發現竟然是個二手車的停車場。我站在人行道上，突然間理查‧尼克森（Richard Nixon）走上前來，他看起來就像個銷售員，在我後背擊了一掌，並說：「好樣的，讓我們來看看你的熱情！如果你要成為真正的專業人士，你必須開始學習操控人們的基本伎倆。學習正面思考，穿上西裝，看著自己的角色，感受這個角色。踏出步伐去銷售自己，那就是成功之道。」

對這個做夢者而言，這個夢是極度嘲諷的，就如同夢境通常表現的那樣。在他的意識裡，他不喜歡政客、不喜歡那些追逐世俗權力的人們，或是那些使用「激勵技術」的人們，委婉的說法就是透過強行推銷的方式來擺佈人們。但是此處，在他的夢中，他發現自己不僅潛藏著權力驅力，內心也有完整的信念系統。儘管他自己不這麼認為，私底下他相信或是部分的他相信，靠「取得先機」、靠追逐極為廉價的俗世權力，利用麥迪遜大道的宣傳炒作以及操控魅力來達到目標。

這個夢所要表達的毫無奧祕可言。夢境中的人物努力詳述他所支持的態度，讓做夢者為之惱怒。這樣的夢讓人感到慚愧，但卻也對做夢者帶來極大的價值。能夠認知在專業理想底下**真正的**心之所向，這是如同真金一般有價的。這個夢讓你做出有意識的道德抉擇，接受夢境中的態度，或是棄絕這些態度，又或者最佳的狀況是，用智慧整合它們。

在實務上，無論是自我的意識態度或是內在我的無意識態度都不會是最終的答案，忠於自身性格的那份態度介於兩者之間。事實上，如果你的無意識態度看似誇大，通常意味著無意識正在補償自我中同樣失衡且誇大的位置。

這是一種方式，明白自我已經採取極端且偏離中心的位置，明白你已不再忠於真實的性格：你會在無意識中找到誇大的位置來補償你的自我態度。無意識的態度總是和意識態度的狀態一樣偏離中心。當自我的態度變得更加溫和時，無意識的態度也會朝向中心而放鬆。

從上面的夢境實例中可見，做夢者迷失在光榮的理想主義。他沒有考慮任何的實際面、沒有思考要如何維生。無意識因此創造出補償的態度來反應，形塑出一個純粹的貪婪物質主義。當他可以將理想主義降低到較實際的層次時，他會發現私底下那股權力驅力的表現形式不再那麼誇大了。

夢境也會表述我們的價值觀：我們對於什麼是好的、可取的、美麗的、真實的、道德的，或是可敬的感受。最終，我們的價值是人生中最迫切的追尋，給予生命意義的準則。我們的價值表現出什麼是至高、至關重要的。

我們的內在有著許多價值系統同時存在，而所有的價值系統在某些方面來說都是相互衝突的。我的自我可能認為獨自工作是份美德，同時認為浪費時間是不道德的。但是，我的另一部分卻有著不同的價值觀：想要參加派對，認為待在熱帶島嶼是最開心的事。我的自我可能會優先看重節約及實用性，但是另一部分則認為除非我能夠買昂貴的新西裝或是豪華房車，否則就會死掉。

一個簡短、看似不重要的夢讓我大受震撼，從中有所學習。這是多年前，當我開始以心理師的身分工作時所做的一個夢：

夢境

我正從販賣機裡偷一份報紙。我突然意識到自己在做什麼，一陣罪惡感湧現。

這個情境顯示出我的自我抱持著某種價值觀，但是我接著發現內在某處有著截然不同的價值系統在主宰。在意識的層次，我鄙棄盜取的行徑，甚至連一份報紙都不允許，即使當時只要五角。但是，這個夢境在我眼前大聲指責控訴：「你這個騙子！部分的你是想要竊取的！」

對此我能做些什麼？這個夢讓我大感震驚、充滿罪惡感。我試圖找出生命的哪個部分是在無意識中進行盜竊勾當。最後，我想起應該更仔細檢視夢境的其他細節。那報紙呢？

我反覆思量，報紙代表什麼？對我而言，它代表集體的陳腔濫調、集體的觀點、八卦及醜聞等，一層層堆疊成為新聞及宣傳。我明白自己是在盜取某個幾乎毫無質感的東西，至少從無意識的觀點而言。就如同是對行為本身的反感一樣，這個夢對我所竊取的東西同樣感到反感。

最後我做出了連結：當時我的事業才剛起步，我對於自己充滿不確定感。我對權威人士心生敬畏，也試圖打進每個團體、每個小圈子，任何可以讓我有歸屬感的事物或是成為「大人物」。我聽從一切集體意見、集體的陳腔濫調，以及圍繞這些人物的八卦，同時

複製。有時候我複製那些內容彷彿變成**我的**資訊、**我的**結論及**我的**觀點。

我當時「竊取」這一切集體的廢話，因為沒有為自己思考：我從別人那兒拿來，不花一分一毛，把它當作是自己的來使用。我並沒有為擁有自己的想法而付出分毫，也不敢為自己設想，因為我是如此拚命地想要得到歸屬感。也就是從這個角度而言，我是在「竊取」一堆垃圾，這些事物打從一開始就不值得擁有。

這並非不尋常的竊取，多數人在想要打進某個群體時多多少少會這麼做。但是我的無意識對此提出抗議，藉由這個夢來潑我冷水。從心理層面來說，它把我喚醒了。

這個夢是個絕佳實例，顯示出我們必須仔細實行夢工作的每個步驟。我們必須針對每個意象工作，不忽略任何細節。我們不清楚哪個細節可以提供開啟夢境的關鍵深層意義。我花了一整個星期與這個夢境角力，直到有足夠的感覺問自己**報紙**這個象徵對我的意義為何。

行為模式是出現在夢境當中最重要的個人特質之一。我們的行為，就如同價值觀一般，是出自於內在的。大多數的時候，我們並不太覺察自己的所做所為或是為什麼如此而為。我們的行為出自於我們所服膺的價值，是從我們先前已經討論過的內在信念及態度所產生的。想要找出你真正相信什麼、你真正服膺的價值是什麼，最佳的方法就是觀察自己的行為表現。

舉例而言，你可能**認為**自己相信積蓄的重要性。如果你問人們，許多人也都會贊同。但是在實際的作為上，假使你把全部的薪水都花光了，從來沒有存過一毛錢，這就表示有個完全不同的信念

在控制你，一個不同於你所宣稱的價值系統。

夢境是我們的無意識行為模式的最佳報告者。如果我傾向於自以為是、好爭論，我的夢境最終會顯示一個好爭論的夢境角色，夢會讓我明白在別人眼中我是個怎樣的人。如果在我需要說不的時候，老是對人說好，我的夢可能會顯示出一個相同表現的人物。而他所陷入的混亂狀況就會如同我通常發現自己所陷入的狀況一樣，兩者有著不可思議的相似性。

因此，當你在夢中看見一個行為模式，就要從個人日常生活中努力尋找這樣的行為模式。你會在某處發現，就在這個行為背後，你也會發現你的態度。

定位內在人格

一個與個人內在連結的好方法是，將每個夢境人物設想為活在內在的真實人物，把夢境中的每個人物都設想為存在心靈中的自動化人格，當它們結合在一起時，就組成了你的整體我。

接下來的問題就是：「最近的生活，我曾在何處看過這個人發揮作用？我在生活的何處曾經看見她（如果她是個女性）跟夢中的行徑如出一轍？哪個部分的我感覺起來就像是那樣感覺？那樣思考？那樣作為？」

假若她在夢境中帶來衝突，那就試圖找出哪個部分的人格是處在衝突中或是反叛的。假若她在夢中找尋關係及情感，就找出內在正在找尋友誼、關愛及愛戀的那個部分。如果她將你從水溝中拉出，如同步驟三章節中所出現的閃亮雙眼的女孩的夢境，就去找出

你生活的哪裡有著相同的力量、相同的興致、相同的洞察力等,這些力量近期曾把你從水溝中拉出,你會在那兒發現她在你生命中的作用。

　　當你檢視夢境人物時,你可能會發現他或她是基本人格架構的某個表現,是組成心靈的主要能量系統之一。如果你是女性的話,夢中的女人可能完全符合陰影面的描寫;如果你是男性的話,就會符合阿尼瑪的描述。這個發現會讓你得到些許線索,預期自己在何處找到這個內在人物對生命的作用。

　　但是假若是個男性,在他發現夢境人物是阿尼瑪時,他的工作並非就此打住。他必須進一步找到她在他生命的何處作用,他必須找到他的感覺、找到那份抓住他的幻想流、找到他所處的心情、找到與內在世界的交會,也就是任何能顯示出他生命中所發生的一切,這些正在發生的事物讓他與靈魂陰性面相連結。

　　假使在不確定的狀況下就驟下結論,宣稱內在人格就是**阿尼瑪**或是**陰影**或是任何其他你所賦予的名稱,是錯的。雖然有完全符合原型的夢境人物,但是多數都是不符合的,他們只是你夢境中的人格罷了。在那樣的情況下,不要強加他們套入模子裡,讓他們成為自己就好。

　　為了要找出內在的夢境人格,描述是個好起點。寫下來你認為這是哪一種類型的人,這個人的主要特徵及人格是什麼,這個人想要什麼,對你的意義是什麼,接著你就可以找尋人格特質中與描述相符的那部分。

　　如果這個人心胸狹隘又喜歡說教,你就找尋自身性格心胸狹隘且拘謹的那部分,你會在那兒找到你的夢境人物,它就在你的內

在，同時透過你活出生命。

通常你的夢會給這個人起一個名字，如果沒有，你可以編造一個可以捕捉此人性格的名字，或是用描述性的名稱。假若他是一個陽剛的角色，可能是英勇的戰士、聰慧的長者、吝嗇的老頭子、鬼鬼祟祟的騙子、少年犯、年輕的王子、搗蛋鬼、部落兄弟等。如果是個陰性角色，你可能會發現自己稱她為智慧母親、專制母親、大地之母、可信賴的姊妹、我的靈魂女士、帶著閃亮雙眼的女子等。如果她符合神話的角色，你也可以給她神話的名字，像是：海倫（引發特洛伊戰爭的世間美女）、伊索德（Iseult of the White Hands，愛爾蘭公主）、關妮薇（Guinevere，亞瑟王的妻子）。

在我們開始套用心理分類及術語來與他們有所區隔前，最好**先熟悉這個人物本身的特質**。譬如，與其稱她為「阿尼瑪」、把她轉變為臨床的抽象概念，不如以「美麗女子」的角度來認識她，把她想成是活在你內在特例且有趣的存在，你反而能夠更加接近內在的陰性面。

因此，假若有個女性角色出現在男子的夢境中，他應該避免一開始就以標準教科文本的阿尼瑪來描述。他必須允許她自我表述，讓她成為獨一且個別的存在，她前來夢中拜訪他。他必須允許她擁有她的個體性。

相同的，當一個女性在夢中發現男性角色，不應該驟下結論說這是她的阿尼姆斯，自動套用屬於阿尼姆斯的教條。她應該親近這個內在人物，找出他的特徵和功能，直接向他學習他所提供的資訊或是特質，認識他在她內在世界所扮演的角色。

確認其他內在真實

當然，夢境中的意象不僅僅只是夢境人物，同時包括地點、建築物、動物、顏色、數字、物體及抽象的幾何符號。夢境會表現出無限的意象，每個都可以用來象徵內在生命的流動。

無論是哪種形式，你可以將夢境意象描繪為內在的某項事物。舉例來說，假若是個地點，那是你內在的某個地方，你可以將之定位。夢境中的地點，從道德面來看，可能代表「立足點」，是你必須採取的倫理位置。聖杯城堡之類的地點就代表精神意識的層級，也是推動你朝向目標的內在成長。夢境地點也可能代表情緒的環境，一組情境或是一片影響場域。

還記得我們先前對於藍色月亮的觀點嗎？當時主要的聯想在於情緒的環境，做夢者的自我正處在藍色的感受當中，也就是在憂鬱中。

夢境中最常見的地點運用是，展現出你正處在誰的「地盤」上、你是在誰的影響力之下，因此，如果想要了解某個地點的重要性，有個好方法就是去問這地方是誰的地盤。

古代的星象學家就是以這樣的實務觀點為象徵討論火星「宮」、土星「宮」或是其他星球的宮位，這意味著你的心靈已經落在那個星球的影響力之下，你正拜訪它的居所。當你進入這些象徵性居所時，你進入了不同的心理環境，進入了不同的能量場。

同理，如果你發現自己在外婆家，你知道自己正處於大母神影響的範疇。這意味著，無論是好或壞，當你在無意識內孵夢的夜晚時分，你正處在她的誘惑力之下。這可能意味著你正處在領受聖母

（Queen of Heaven）啟示的邊緣。然而，假若你是躺在外婆家門前的水溝中，很可能意味著你正陷入母親情結的負面面向，陷入被動及依賴。只有你的夢境情境能夠告訴你處在「娘家」有何意涵。

如果這間房子屬於你，也許代表你的**自我之屋**，是自我的意識場，是自我在四周所建立的世界，是由你所知、你所思、你所相信的一切所組成，這些築起的高牆將你保護於無意識之外。如果你的房子是從外面被侵入，通常意味著自我的世界受到從無意識而來的力量入侵，或許你正面對著現實、價值觀，以及那些你到目前為止試圖想要逃避的部分自己。

如果你發現自己身處受邪惡巫師或是軍事獨裁者所掌控的國家，可能意味著你正處在權力驅力的控制之下。如果你騎乘經過古老且有著智慧國王或皇后所治理的福地，這個夢預告的是當我們與原型我同頻生活時，當我們與我內在的最高智慧齊步時，會是怎樣的感受。

那麼和動物有關的夢呢？如果是動物，你可能把牠想做是動物的本能或是內在某處的動物意識，那是深深埋藏在心靈原初、前人類根源深處。它是形塑你的能量系統之一，必須正視它；如果忽略了它，它就會三不五時朝你叫喚。

正如同你在他人身上會找到讓你認同的特徵，我們在動物身上也會。動物，就如同許多其他原型象徵物，有著正面及負面的意涵，狗是個好例子。狗是群聚的動物，就像狼群或土狼一般。夢中的狗可能指出人類「追隨群體」的傾向，由於深刻地涉入群體、集體及「歸屬」，以至於我們放棄了發展成為個人或是擁有內在生活。我們知道，人類也是群體動物，這是我們內在的一股強大本

能，同時帶出人類本性中最好及最糟糕的一面。

另一方面，狗是極度忠心的。夢境中的狗所呈現的謙卑形象可能指出你內在的高貴特質，高度忠誠的能力。有時候，我們很難從夢中區辨要採取正面的或是負面的意涵。有時候，狗可能是個警告，其他時候則可能是有力的肯定。通常夢中的小細節能讓我們知道該從哪方面來看待這個象徵。

榮格發現動物通常代表著我們內在的原始生理本能能量系統，可能對應到食物、休憩、運動、性愛、感官經驗等生理需求。當你在夢中與一隻具威脅性的動物打鬥，可能指的是你的深層本能面與意識心智「文明」面之間的衝突。

當動物以神話的形式出現時，也可能代表偉大的原型或是精神意識及發展的最高階段。在印度的象徵主義中，大象代表真我的最高表現，大象有時候也會以相同的意涵出現在西方人的夢境中。在我個人的夢境裡，白色眼鏡蛇來到我的面前，通常是自性的表現，是我內在的最高意識。

在先前的內容中，我所提供的實例只是無限可能中極小的樣本，這些樣本說明如何將夢境意象正確連結至內在我及內在生命的動力。無論是在這本書或是其他書裡，永遠不可能有足夠的空間來含括所有會出現的象徵，以及與生命可能的連結方式。假若我們試圖這麼做，只會誤導。因為，就如同我先前強調過的，你的夢境象徵與內在生命之間的真實連結只能來自你自己，來自你的無意識豐饒大地。

夢境工作案例說明：有著閃亮雙眼的女孩

　　為了說明如何從真實的夢境進行這個步驟，接下來我提供另一個夢，以及透過夢境工作帶出與做夢者內在生命的連結。

　　這是一個大學生帶來的夢，他當時二十二歲，因為嚴重的精神官能症無法持續就學，因此前來接受分析。那時他已經完全無法學習也無法通過考試，處在絕望的狀態下。

　　這是分析期間的第一個夢，對於他所處的狀態有極佳的描繪，顯示出所涉入的內在系統，同時指出他需要前往的方向。夢境預示了精神官能症的戲劇性療癒，幾乎是在他開始進入內在工作的當下發生。他是那種一旦欠缺內在生命就無法活下去的人，當他認知到這一點，生活中的每一件事快速轉變。如今他完成了學業，過著非常充實且有用的生活。

　　為了紀念他夢中展現的阿尼瑪，我將這個夢稱作「有著閃亮雙眼的女孩」。

有著閃亮雙眼的女孩之夢

　　我正躺在外婆家門前的街道上。一輛車從後面駛來，車上坐著我妹妹和她的友人。我害怕車子會從我身上輾過，全速滾向街邊。接著，她們就出現在我身旁。我妹妹問我是否需要幫忙安排和她友人約會。她提了好幾個名字，但我都無法決定。接著，我的妹妹就不見了。她的友人問我對於約會有什麼想法。我想了幾分鐘後，突然想到或許這個女孩想要和我共度今晚。就在那一刻，我想起自己沒有真正注意過她長什麼樣。在她轉身要離開的時候，我對她提出

約會的要求，她轉過身來，我很開心發現她長得很漂亮，**是有著閃亮雙眼的女孩**。我問她是否願意和我說話，她同意了。當她回到我身邊時，我從水溝起身，與她一起離開。

為了拿這個夢境練習，我們必須先假定已經完成步驟一，完成了聯想，當中有些聯想讓我們「恍然大悟」。接著在步驟二，我們必須將那些聯想套用在這個大學生內在生命的特定動力中。以下是可能的連結[1]：

步驟二	夢境的意象指出哪個部分的我，或是我內在生命中的哪個動力？
外婆家	因為那是我的外婆，我的母親是在那兒出生的，這勢必是我內在的「娘家」。它可溯及好幾代，因此可能更甚於母親情結；它是原型母親、母親的能量，或是我心靈中的母親存在。這是她的範疇，因此它說的是「我」，也就是自我，是在她的範疇。自我落入大母神的範疇，就某方面而言，我是在她的影響力之下的。
	接著，我在每日生活的何處看見它的作用？母親原則的一個面向，我可能會落入的一份退行關係，讓我開始表現得像個不能為自己做任何事的孩子，一心只要全世界照顧自己。我感到依賴、我不想做決定、我不想為自己做任何事，我只想要有人像母親一樣的照顧我。從這個負面面向，母親的能

量轉變成依賴情結，這是我近期在自己身上看見的。我已經放棄了天生的陽剛，我害怕向世界探險，害怕開創自己的方向。我感覺被包裹在自己的陰性面裡，但卻是以負面的方式，讓我感覺像個孩子，而且依賴。

躺在街道上　　　這在我生活何處發生？我立刻就明白了。我憂鬱、絕望、無法在學校運作、失能，不知道要往哪裡去。這個意象完全象徵著我的感受：就像是躺在溝渠中一樣，無法起身、無助。我覺得每個人都能走上前，朝我踢一腳或是從我身上輾過。我沒有任何的防衛能力、無能為力。

　　另一個讓我恍然大悟的聯想是，這是一個**公眾的通道**，不是我個人的空間，它屬於「他們」的，是在外頭的。似乎我不僅僅只是迷失在母性的陰性面，也迷失在集體當中。我的生活中有什麼對應到那個聯想？當我這麼想時，我明白自己完全是繞著別人想要我做什麼或是別人對我的期待而活。上大學、修課、生涯計畫等，基本上都是出自於我假定的那些必須活出的集體期待。我不清楚這些是否來自我的家人、周遭的社會或是其他，這都無關緊要。重點是我必須開始尋找屬於我的生活方式，開始決定我想要服膺的價值、決定對我來說什麼是重要的，以及開始做出我自己的決定。

我認為唯一能讓我離開街道的方式，就是找到真正屬於我的那片小小的土地，站在上頭。我必須放棄躺在街道上，放棄只是愚蠢地接受從周遭社會而來的集體概念。

我妹妹　　　　如果夢中的妹妹代表活在我內在的**人物**，那個內在人物在何處？我的什麼地方有著像妹妹一樣的陰性面人格特性？從外在妹妹角度來看，讓我恍然大悟的是，每當我心情不好或是憂鬱時，她就像是夢中這個人，試圖讓我提起精神，嘗試把我從內在拖出，試圖讓我和其他人連結上。如今當我檢視這一點，我明白我內在感覺想要與人們連結，想要找尋可以親近的朋友。我不想要孤單一人。

然而，我的反應就如同夢中對這個「妹妹」的反應一樣，我拒絕與他人有任何的關聯；我表現得就像是個孤行者，滿腦子都是我的憂鬱我的問題。我拒絕關係，在夢境中的象徵就是，當她提出要安排約會時，我卻無法決定。或許在這個時間點，我不想進入約會關係，因為我在等待有著閃亮雙眼的女孩，但是我自己並不清楚這一點。因此，我認為我妹妹是我內在那份想要推我進入與他人的關係、進入與人類生活的陰性力量，但是我似乎仍然無法回應，因為我需要先找到我的靈魂。

有著閃亮雙眼　　我想到的是我對於永恆陰性面的理想、我所渴的女孩　　望的陰性存有，就如同「有著閃亮雙眼的女孩」。

　　　　　　　　　　與內在對話：夢境・積極想像・自我轉化

對我來說，她是莫名的神聖，就像是公主或是女神。當我看見她，當我感受到她在我的生命當中，我感覺自己彷彿是完整的，彷彿有了值得讓我活下去的事物，彷彿生命有了意義。因此，她符合阿尼瑪的描述，她象徵著我的靈魂，這正是陰性的面向，是不同於「姊妹」的，她帶領我朝向內在世界、朝向精神世界、朝向內在經驗及宗教意識。她，我的阿尼瑪或是靈魂，是我內在的陰性存有，她想要經驗神、她想要探索無意識、她想要活在夢境及原型的世界。

令人感到驚喜的是，一旦我在夢中明白了她是誰，我能夠從失能的狀態中走出，我站起身，我可以行走了。我開始再次活著、再次可以運作了。

在我生活的何處得以看見這一切？首先，可以這麼說，我感受到我的靈魂渴望不同層次的生活。我來到這裡，開始學習如何看待夢境，因為我感受到內在有個空了的位子，我感受到內在生活的需求，我感受到內在的虛空，我想要宗教的意義、宗教經驗，或是某件能夠讓我感受到生命底層意義的事物。在我內在所進行的這一切似乎是**她**的存有，那就是**有著閃亮雙眼的女孩**，是我的靈魂，在我內在運作。我所感受到的是她的感受，我幻想有著全新的精神生活，幻想著深入探究無意識的奧祕。這些必然都是她的幻想，透過我的心智而浮現。

我問她是否願　　　我跟她提出約會的要求，但是感覺上真正的轉
意和我說話　　捩點是當我問她是否願意和我說話時。我試圖安排
　　　　　　簡單的對話，但是感覺像是個交換的開始，一段關
　　　　　　係的開始。

　　　　　　　　在我內在何處得以發現這一點？聽起來可能很
　　　　　　深奧，我認為自己正試圖找尋我的靈魂，我嘗試要
　　　　　　與自身的靈魂建立關係。或許，在我決定要記錄夢
　　　　　　境的那一刻、在我開始檢視夢境的那一刻、在我開
　　　　　　始活在內在世界的那一刻，就是我對我的靈魂說出
　　　　　　我想要與她說話的那一刻，那是我想要與內在心靈
　　　　　　連結，並開始一段友誼的那一刻。

我從水溝中起　　　我把**從水溝中起身**與內在的一個特定改變聯想
身　　在一起。一旦我開始對這個夢有些許的了解，開始
　　　　　　想要有內在生活時，我開始覺得比較好了。我現在
　　　　　　不會感覺無助，不再感到失能，也不覺得任世界擺
　　　　　　布。我感覺有些可以做的事，好讓生命再次前進，
　　　　　　讓我了解內在到底發生了什麼。打開內在世界意味
　　　　　　著那份希望及生命力量再度回到我身上，我不需要
　　　　　　被動、不知所措地躺在水溝裡。

　　　我們的做夢者能將他的夢境經驗連結上他的情緒生活中一些
相當特定的事物。這個夢出乎意外地點出許多他所感受及他所經驗
的，當時他感到絕然無助、被生命所擊垮，夢境以他躺在街道上的

意象，鮮明地呈現這一點，那是全然被動、全然任人擺布的。

　　這個夢為我們提供了一個好例子來說明原型擴大法的助益。這個例子提供了我們許多關於阿尼瑪的資訊，因此，我們可以清楚看見她在做夢者的生命何處運作。一旦我們理解**有著閃亮雙眼的女孩**是靈魂人物，是阿尼瑪的表現形式時，就可以推測好些事物。我們知道阿尼瑪引領我們前往內在世界，知道她的主要關注是內在生活。此處，我們看見與這個特定人物的會面，也看見與她開啟的關係正吻合他下定決心要進入內在世界，下定決心透過夢境來更新內在生活。畢竟，這是進入阿尼瑪與之建立關係最直接的方式。

1　原註：這並非做夢者實際完成的文稿。這是他分析過程的第一個夢，而夢的工作幾乎都是在和我會談的時刻完成的。為了說明的目的，我就我所能記得的做了連結的摘要或是從象徵意涵的角度做出合理的連結。我使用了第一人稱來說明做夢者可能會如何自己寫下這些素材。

步驟三：解讀

解讀夢境，是先前投入夢境工作各步驟的成品。解讀讓你把夢境中所擷取的所有意義結合在一起，成為合一的畫面。這是一個合乎邏輯的陳述，說明夢境對你的整體意義。

在這個步驟，你會提出這樣的問題：「這個夢境試圖跟我溝通的最重要的核心訊息是什麼？它建議我做什麼？這個夢對於我的生活的總體意義為何？」

沒有走過前兩個步驟之前，我們無權解讀夢境。沒有先做個人聯想這個功課之前，試圖解讀就只是臆測。如果你依循解夢書提出現成的解讀，就像是穿上一件別人的衣服，根本不適合你。解讀應該從前兩個步驟中自然產生，心中的聯想開始結合在一起：與內在生活的連結變得清晰可見，就此產生對於夢境整體意義的感受。

解讀的一個部分是，試著簡要陳述，說明夢境想溝通的主要想法，問自己：「夢境試圖傳遞給我的最重要洞察是什麼？」

借用**有著閃亮雙眼的女孩**的夢境，我準備一份解讀的範本，說明當你開始將夢境結合在一起成為完整的訊息時，心中會浮現的各式想法。

在你閱讀這個範本的時候，請記得當我在多年前與這個夢境工作時的優勢，我看見做夢者在夢境之後的改變，因此相較於假定這是我自己的夢，而且是我第一次嘗試解讀，這個解讀更順暢、更加連貫一致。

當你開始解讀自己的夢境時，不要期待第一次嘗試的解讀就會以連貫一致的樣貌出現。你只要寫下整個夢境是如何搭在一起，寫下它對於你的生命意義的看法。持續不斷工作，直到一切都合乎情理，也與夢境中的整體事件模式相符。

為了說明起見，我用第一人稱的方式呈現這個範本，就像是做夢者在說話一般。

解讀：有著閃亮雙眼的女孩之夢

這個夢境為我帶出的生命整體畫面是什麼？這個夢給了我方法，去了解我的情緒反應、我的憂鬱感受、失能，還有過去幾個月以來都無法應對學校的狀態。

我陷入嚴重的精神官能症狀，而精神官能症狀實際上是一道難以跨越的鴻溝，就橫亙在我的意識態度和無意識需求兩者之間，因此我明白有些事物正在過程中。我的意識態度持續向前邁進，企圖在大學獲得成就、開啟生涯，如今我感覺這份生涯企圖是由周圍的世界所決定，但是我的內在渴求的是完全相反的的事物，一份朝向**內在生活**的要求，意味著冥想、與夢境工作、找出我是誰、理解我有靈魂，如同人們過去所相信的，就古老的宗教意義而言，我們內在有個部分將自身與神連結，稱作靈魂。

在這個夢境中，我試圖在集體世界獲得成就，同時待在我的依賴中，母親情結以夢境中我躺在水溝中的意象現形，那是完全的無助、被動、依賴。

夢境顯示我內在的三股陰性能量如今卻在生活中活化。首先，跟著大母神的能量，我陷入負面，全然的被動、依賴，因而造成我徹底失能的狀態，讓我在學校無法有所作為。但是在這一切之下有另一個更深層的原因，就是我沒有活出生命，或是我沒有追求深層內在自我所關心的特質。一直以來，我所追求的是我以為的別人對我的期待，而非深層本能帶領我前往的方向。因此，躺在外婆家門

前的街道上，指出我處在退行的幼稚感覺上，陷入母親情結當中，依賴他人告訴我該做什麼、該有什麼想法。

我內在運作的另一個陰性面則是由我妹妹所代表，這份「大地陰性面」想要將我帶回與女性的關係、將我全面帶回世界中。這是好的，但是當我依然無助地陷在母親情結、陷在遵循集體的生活方式時，我是無法做到這一點的。在我感受自己能夠正當地與身外之人建立關係之前，我必須學習如何與內在我建立關聯，否則，他們似乎是將我拉入傷害我而不是幫助我的集體性當中。

另一個出現在我內在的陰性面則是**有著閃亮雙眼的女孩**。我將她認同為我的靈魂、我的內在心靈、我的阿尼瑪意象。她是我內在的一股力量，將我拉往內在世界、宗教意義，以及發現自身的無意識。她就像是帶著閃亮雙眼的女神，帶領我透過內在我的隱密世界和我的靈魂，走上旅程，也昭示我如何以我是誰而活，而非我應該是誰而活。

我該如何運用這項資訊？首先，我認為我需要花一段時間放棄嘗試成為「某號人物」，放棄試圖在學術圈得到成就，或是在充滿成就與權力的競爭世界與社會讚許中得到成功。相反的，我需要像夢境所呈現的，在每日生活中有所作為：帶著我的靈魂離開一段時間，進入內在我的發現旅程。

我應該要花時間做夢、記得我的夢境、針對我的夢境工作、跟內在工作，試圖發現最深層的無意識我想要成為的樣貌、想要過的生活方式。如此一來，我認為我就可以不再帶著如此可怕的內在衝突而活，也不會落得躺在水溝的下場。根據這個夢境所言，與我的靈魂相見，探索內在我是唯一對我開展的道路：那是唯一能將我從

水溝拉出的事物，讓我雙腿充滿力量，讓我像個人一樣再次起身站立。

當你讀完這個解讀之後，你會明白這是從先前的夢境工作步驟一及步驟二中自然發展出來的。藉由區辨出自我的哪部分是透過夢境中的女性角色得到象徵，同時看見她們在何處影響他的生命，他準備好評估夢境的核心訊息，甚至帶出未來該如何活出生命的決定。

一個適切的夢境解讀應該能簡要歸納夢境的意義，也應該為你的個人生活、你在做的事，以及你該如何過生活等，提供具體運用夢的訊息。

在各式選項中選擇

有時候你發現你能從夢境的聯想中產生好些解讀，每一個解讀聽起來都是有道理的。你該如何決定？有時候，你對某個象徵的聯想正面且鼓舞人，但是另一個聯想卻是負面的，警告你某些事情可能不太對勁，如何決定哪一個聯想才是正確的？

有些方法可以幫助你決定更可靠的解讀。我們先前已經學過最重要的技巧：寫下解讀。當你將解讀寫在紙上，效果極佳。書寫將解讀帶離幻想及抽象的層次，也讓解讀表現為你可以清晰明白的形式。藉由書寫，你更能感受解讀是有道理的或是沒有意義。當解讀還在腦海中時，可能聽起來是對的，一旦寫下時，你開始看見其中的漏洞，明白這份解讀並不真的與夢境相關，與你生活中所發生的

事並不吻合。藉由將解讀寫下來,如果讓你「恍然大悟」,你就會明白一切都串得起來了。

決定能量的深度

夢境是由能量系統所組成,針對解讀的好測試就是去看背後是否帶有能量。假若解讀喚起你身上的能量及強烈的感受、突然讓你產生生命的洞察、突然想起這個解讀在人生其他方面也是有道理的、提供洞察的同時也將你從困住的模式解脫出來,這些都是解讀背後帶有巨大能量的跡象。

當你寫下另一個解讀時,你很可能發現沒有能量,它枯萎了,它死亡了,你無法將這份解讀與任何帶出生命及力量的事物連結在一起,這就是解讀對夢境無用的好跡象。

依循小線索

唯有最具敏銳觀察力的人才會注意到每個奧祕中都有小線索,它會帶出解答。這項文學策略,實際上反映了生命及夢境的原型模式:每個夢境都為我們提供了小細節、小線索,告訴我們該依循哪個解讀或是該如何了解夢境。

十年前,我的友人得到一份聽起來相當美好的工作,他可以成為公司的合夥人、工作很有挑戰、機會無限。他相當興奮,但是當時發生了一件事,要他在決定前先緩個幾天。那個晚上,他夢見一個美麗性感的女子穿著誘人的晚禮服走向他,告訴他只要他想要,

與內在對話:夢境・積極想像・自我轉化

她就是他的人。他決定跟她一塊走，但是當她走近時，他望向她的雙眼，那雙眼很怪異，脫俗的綠色卻讓他感到噁心且驚恐，他退縮了。

隔天，對他而言，這個性感妖女與誘人職位的連結再清楚也不過了。他覺察到自己將阿尼瑪投射到這個新的工作可能，但是夢境警告他這是阿尼瑪的巫婆面。關於這個工作機會，內在有什麼是不對勁的，有些隱匿的芒刺，因此他拒絕了這份工作。他後來透過其他管道得知這家公司不老實，也理解到自己沒有辦法在那家公司存活下來。

他也發現了綠色的原型意涵。就如同其他的顏色，綠色同時帶有正面及負面的意涵。當這個顏色出現在大自然中，樹木及草地，是生命力的象徵，是大自然中春天萌生的能量。從正面來看，它象徵著生命的更新，但是從負面而言，它象徵著**毒物**：蛇的毒液，傷口上的膿汁，人類種族身上的祕密毒性特質。舉例來說，我們會說某人嫉妒到眼紅（be green with envy）。

這個誘惑女子眼中病態且不友善的綠影就是線索，這個特別的細節告訴我們該如何解讀含糊曖昧的夢境。一份好工作、一個生意機會，從表面上來看沒有什麼不對勁的；還有一個美麗的女子在夢境中朝你走來，也是美好事物：那是女性陰影正面的面向，男性阿尼瑪出現，是感官及性愛的意識，是個人感受功能的開啟。但是，假若她雙眼中的綠影讓你寒毛直豎，你就有線索了。

偉大的莎士比亞學家哈洛・高達（Harold Goddard）曾經為我們指出這項原則，在莎士比亞的劇作中是真實無誤的，而在其他偉大的文學中亦然。他給出的例子，就我所記得的是在**羅密歐與茱麗**

葉的場景中，茱麗葉的父親正在陳述他想要的女婿類型，他要茱麗葉婚配的對象不僅有錢，也出身另一個有權有勢的富裕家庭，讓他可以與之形成聯盟。這在十五世紀的義大利，聽起來相當正常，沒啥特別的。因此我們對於這齣戲劇接下來往哪發展不會有糟糕的感受。

但是有另一個細節，看似不太重要：女僕的抱怨。她說這個父親的態度等於是要將茱麗葉賣到妓院去；他會把她賣給出價最高的那個，賣給能夠帶來最多現金的那個。女僕的說詞給了我們需要的小線索，從深層面而言，這對這個家庭的命運不會有太好的影響，這個價值觀太分裂，事情會朝向糟糕的發展，悲劇種子已然埋下。

在你自己的夢境中，學習注意這些小細節，閱讀這些細節所要表達的，細節會為那些看似含糊曖昧的情境帶出不同的理解。

從對立面爭辯

如果你發現解讀仍然是不清楚的，或是仍然無法在對立的解讀中做出決定，那就針對夢境的每個解釋扮演魔鬼的代言人：選邊站，就像律師一樣，一次針對一個觀點，強力爭論。

首先，贊同方的爭論論點：從內在觀點而言，接受這份工作是絕對正確的；這份工作允許你擁有夢境所給予的生活風格；讓你有時間給家庭、你的內在工作以及休閒。收集所有你能從夢境中得到的證據，然後表列。

接著，反對方的爭論論點：當魔鬼的代言人；夢境告訴你該留在現在的位置，維持現狀；應該將能量放在處理內在生活並治療

　　　　　　　與內在對話：夢境‧積極想像‧自我轉化

精神官能症分裂，而不是把時間浪費在進入新的工作和新的權力遊戲中；夢境是個警惕，要你別走上那條路或是走上夢境所指明的方向。首先爭論**陰**，接著爭論**陽**。從你內在的陰性本能開始爭論，接著是陽性面。爭論你應該留待命運決定，等待；接著爭論你應該採取果斷的行動。藉由扮演魔鬼的代言人，我們強迫自己與內在的每個觀點結盟，依序進行，直到我們明白哪一個觀點才是真正反應夢境的教訓。你通常會發現，兩個解讀中都會有真實性，而最終的理解會將不同觀點匯聚一起。

有時候夢境會告訴你沒有「正確的」選擇。你可以走上任何一條路，夢境也會告訴你你選擇的那條路的結果。夢境告訴你需要付出的代價，夢境可能會說：「看吧，這是你應該抱持的態度，但是假若你堅持另一個態度，這是隨之而來的結果。」

無意識對我們是公平的，它允許自我堅持要做的，只要我們對選擇負責也接受結果。即便我們轉錯彎，就如同我們常做的，我們會意識到，同時從經驗中學習。同樣的，假若我們接受責任的同時能誠實面對結果，即便似乎是「錯誤的」事物，也會變得有所助益，只要能夠從中學習。

但是，我們的無意識無法容忍的是逃避責任。無意識將我們推入一個接著一個的苦難，一個接著一個的爛攤子，直到我們最後願意清醒，明白是自己選擇這些不可為的道路，並為選擇負起責任。

驗證解讀的四項原則

這裡有些可以參考的一般原則，幫你確認某個解讀，或是讓你

放下靠不住的解讀。接下來我們要檢閱其中四個原則：

1. 選擇一個能顯示未知事物的解讀

選擇能夠教導你新事物的解讀，而不是再次確認那些根深蒂固的觀念及偏見的解讀。請記得，夢境的主要功能是要溝通你不知道的、未察覺的，以及活在無意識的事物。你的夢不會浪費時間告訴你那些你已經知道、已經了解的事物，因此，你應該選擇挑戰既定想法的解讀，而不是重複已知的解讀。

但這個原則有項例外：有時候，你的夢會不斷重複給出相同的訊息，你若不是不了解，就是不願意實踐。在這樣的情況下，夢境可能**看似**重複某些你已經知道的事物。但是，如果真是如此，你最好開始想為什麼夢境需要重複這個訊息。

假若夢境只是確認我們既存的觀念和假設，就不會對我們的心理成長有所貢獻。我們要假設夢境是來挑戰你、幫你成長、讓你清醒看見你需要的學習和改變之處，同時據此調整你的解讀。

2. 避免讓你的自我膨脹或是沾沾自喜的解讀

夢境通常會以報導者形態來發揮功能。當你內在改變了、理清了你的內在價值，是在成熟之路及個體發展上躍進了，它們會回報你。當你獲得這類的好事的回報時，你有權感覺愉悅。

然而，夢境絕不會以滿足自我主義的方式來回報你。如果你發現自己寫下的夢境解讀讓你得意洋洋、歡慶自身多麼美好，或是讓你有高高在上的感覺，那麼你的解讀就是不正確的。夢境不會給我們那些訊息，也不會將我們帶入自我膨脹中。

　　　　　　　　　　　　與內在對話：夢境・積極想像・自我轉化

夢境是聚焦在你的生命未竟事宜上，顯示你下一步需要面對、需要學習的事物。在內在生活中，我們從未達到停止學習的時刻，也不會在一片讚譽聲中休憩。因此，如果你發現自己針對特定的夢境寫下讓沾沾自喜的解讀，試圖看看它的真實面貌，明白這個解讀不可能正確反映你的夢境，進一步尋找其他的解讀。

3. 避免將責任從你肩上卸下的解讀

　　強大的誘惑讓我們想用夢境來指責他人，要他人為發生在我們生命中的事負責。舉例來說，如果你在工作中與某人起了爭執，而那個人出現在你的夢境中，我們太輕易就會說：「太好了！我的夢證明了我一直以來都是對的，對方是錯的，一切的衝突都是他的錯，不是我的錯。」

　　這樣的解讀不僅僅自私自利，通常也是全然失真的。你的夢境並不在乎指出他人的錯誤或是他人需要在哪些地方改變。你可以把這些留給他人的夢境及他人的無意識，也可以交給神。你的夢關心的是**你**：你內在發生什麼、那些型塑你內在道路的不可見能量、你生命中需要有所意識覺知或是改變的地方。

　　假若你的夢境評論外在的情況，它會聚焦在**你的**態度和無意識行為模式的貢獻。

4. 學習隨著時間與夢境一起生活，讓夢境套入長期的生命流

　　我們通常可以把夢境理解為是過去幾天當中內在生活的特定事件。然而，有時候你會做「大夢」，顯示出在一段長時間中內在發

展的全景視野，它可能為你解讀過去發生了什麼，顯示未來會發生什麼，同時讓你理解目前的經驗是如何符合長遠的生命流。有時候很難對這樣的夢境做出易於理解的解讀，因為當中的完整意涵只有在一段時間之後才會變得清晰。

我們必須學習與這樣的夢境一起生活，不時回到這些夢境中。一段時間之後，我們就會更理解。我們會看見生命中發生的事件，突然明白它們與夢境所表述的長遠發展是一致的。這樣的夢境揭露的是我們內在發展的藍圖。隨著時間流逝，我們學習看見生命是如何與這份藍圖相符。

假若在與夢境工作之後，你仍然無法誠實地選擇明確的解讀，那麼就同意與夢生活一段時間。願意與夢境的含糊曖昧共同生活，好比我們有時候必須與生活的含糊曖昧一塊生活。你可以合理解釋：「它可能意味著這個或是那個，它可能要往這個方向，或是另一個方向。只有時間知道答案。」

這類的夢境來自於意識的邊緣。某方面來說，它是與未來結合的，未來的種子如今已落在你身上。給自己時間及經驗，保持與象徵的交互作用，三不五時回到夢境，一切就會變得清晰。

步驟四：儀式

抵達步驟四這一刻，你已經完成了解讀。你盡力以心智來了解夢境，如今是時候做一些**具體的**事。這個步驟非常重要，因為它幫助你將夢境經驗整合到清醒的意識生活。

對某些人來說，這是夢境工作的困難階段。當我問：「你打算對自己的夢**做**什麼？」他們腦袋一片空白。然而，在一些練習之後，你學習到使用想像力，發想出精緻的儀式賦予夢境立即性和具體性。你會驚訝地發現第四個步驟以強大的力量來強化你對夢境的了解，甚至改變你的習慣及態度。

帶著意識的行動向夢境致敬

這個步驟需要具體的行動來確認夢境的訊息，可以是一個實際的行動：由於夢的關係，你可能覺得自己需要開始準時付帳單，或是處理一個已然困惑的關係；也可能是象徵性行動：一場儀式，以強烈方式更清楚理解夢境的意義。

我心中浮現好些例子。人們有時候會夢見他們需要更覺察自身的感受，他們的感受是重要的。對於這樣的夢境，你可以舉行儀式，像是花一個晚上來做些有深刻價值的事，讓人感到重要且振奮，但是你一直以來都沒有時間做這件事。又，或者你可以做一些細微小事來表達你在乎某人的情感。小事情通常有效，舉例來說，短程的順道拜訪或是寄一張卡片等。只要能夠確認夢境的訊息，任何具體的儀式都能發揮效用。

如果你的夢境告訴你，你花太多時間在工作上，你的身體需要更放鬆，你可以舉辦的儀式是，去海邊或是到鄉間走走，長程步

行，將雙眼聚焦在大地與天空的色彩，重新與有形世界連結。即便像這樣的小行動都會有力量讓你的夢境具體化，開始將夢境整合到意識生活中。

我記得一個最佳儀式是，一個接受我分析的年輕大學生所舉行的。他夢到自己在週末夜晚到購物中心，逛著一家又一家商店，眼前的一切都讓他感到糟糕，他發現反胃的「垃圾食物」、點頭之交，所買到的東西也都讓他失望。

他很認真地進行夢境工作的前三步驟，得到的解讀是這個夢境指出他的「週末夜症候群」，包括「和哥兒們外出」、喝很多的酒、吃不健康的食物、大膽冒險及結識的人最終都讓他感到空虛。有鑑於他的夢境，他因此決定這樣的社交或是休閒對他而言是不健康的，它代表的是不屬於他的價值觀及生活方式。

我問他：「你對你的夢做了什麼？你的步驟四是什麼？」

他認定夢境的精髓表現在「垃圾食物」一詞。在他的夢境中，他經驗了人際關係及集體的垃圾食物。如同垃圾食物一樣，它並沒有對內在生命、感受生活或甚至人際關係提供任何滋養。因此，他為夢境創造了這個儀式。

他去到漢堡攤位，買了最大的豪華起司堡和薯條，接著他拿起鏟子，把垃圾食物拿到後院，挖了個洞，以莊嚴隆重的儀式埋葬了起司堡及薯條。他以這個行為來表現棄絕的象徵性行動。他以一個儀式確認自己放棄了膚淺、有破壞性參與的意圖，而這正是夢境要他注意的。

這個夢及儀式給他帶來深遠的影響，為他的意識、力量和成熟度上開啟了偉大的進展。儀式療癒了他，從不可能得到滋養之處尋

求滋養、將自己的人生交託給他人，以及將自己的生命投注在那些無法在深刻層次提供滋養的活動上。

這是個很有啟發的例子，讓我們明白整體社會對我們的年輕人做了什麼。我們失去了集體的傳統形態，像是家庭、宗族、學校及教會等，這些傳統能從心理及靈性方面滋養年輕人。大多數年輕人接觸到的社會結構及活動都無法為他們的生理健康或是內在幸福帶來正面效應。這個意象夢境意象充分象徵了這個常態景況，年輕人在購物中心四處閒晃、毫無目標地找尋可以做什麼、去哪裡，但是在那兒是無法找到意義及連結感的。購物中心本身沒有什麼不好，而是購物中心的**心態精神**，顯現在這個年輕人的夢境裡，才是問題的癥結所在。

人們通常會驚訝地發現，最強有力的儀式實際上是最小、最細微的那個。你並不需要做大事或是必須花費昂貴。事實上，投入大量的時間與精力在夢境儀式上反而會有反效果。不要只是因為你做的夢告訴你自己要變得更好或是有條理，你就著手打掃整棟房子，或是試圖在一天之內讓生意快速上軌道。最好的做法是，不要試圖讓所有的朋友涉入其中。你不需要組織慢跑俱樂部的同時還選出幹部，只因為夢境告訴你要多運動。

讓你的具體儀式保持在小的細微的形式，效果反而更強大。儀式是夢境呼喚改變內在態度的有形表現，而夢境要求的正是這個層次的改變。

試圖舉行儀式來討論你的夢境，或是試圖對他人解釋自己，都不是好主意。討論會將整體經驗放回抽象的層次，它會因為你想要用最好的面貌來呈現自己的慾望而受到汙染。原本應該是鮮明且個

人的經驗，取而代之的則是不定型的集體漫談。最好的儀式是生理的、獨自的，以及靜默的，這些儀式最能在無意識深處做出註記。

使用身體

表現出具體的行動會對夢境工作帶來神奇的效果，它將你對夢境的了解從純粹的抽象層次帶開，給予直接的具體現實，這個方式可以將你的夢境帶入此時此刻的具體生活。

所謂的儀式與儀典，通常是使用微小的象徵性行動在意識心智及無意識兩者之間建立連結。儀式提供一個方法，讓我們從無意識獲取原則，並讓意識心智留下生動印象。但是儀式對於無意識也有效用，一個高度意識化的儀式會向無意識傳回強而有力的訊息，在我們生成態度及價值的深刻層次發生改變。

一旦你的意識心智了解夢境的意義之後，你必須把覺知及意識移植回到無意識的深層次。我們可以將這一點比擬為從植物中取出發芽的種子，再植回它生長的土壤。與此相同，當我們將意識再次植回無意識中，它會在底層的元質（primal matter）創造新的能量及新的生命。這個循環會持續進行，新形式會將它們推上意識層。

許多年以前，當我在蘇黎士榮格學院進修時，知名的東妮·沃爾夫（Toni Wolffe，榮格的同僚）仍然以分析師的身分與個案工作。針對這個主題，對你的夢境做些具體的事情，據說她可是會讓人感到戰慄。她在門口遇見個案，在他們還沒坐穩之前就開口要求：「那麼針對上週的夢你**做**了什麼？」

個案如果有特定、具體及實際行動，就可以在她的不動怒下全

身而退，但是假若他們支吾其詞，說自己針對那一點想了一下、跟其他人討論過，或是類似的模糊回應，她會要他們轉身，回家去。當身後的大門狠狠關上時，她會說：「等你真的當一回事時再回來。」那就是跟她一起工作的情況，每個人都清楚這一點：你要嘛有所為，不然就走開。

東妮・沃爾夫認為，現代人的夢境，多數被視為是漫不經心的想法、頭腦中的抽象概念。一個人必須通知身體的其他部分自己剛做了個夢。她說：「有些人可以在分析二十年之後，脖子之下沒有任何部位能覺察到發生的任何事！你必須針對它做些什麼才行。用你的肌肉做些什麼！」

西方社會的傾向就是將事物抽象化，使用文字討論來替代直接的感受經驗。我們有極大的需求要讓身體及感受涉入其中，我們必須將理論意念轉換為「感覺層次」（gut-level）的經驗。出自夢境的意念及意象應該進入你的情緒、你的肌肉纖維及你身體的細胞中。這需要具體的行動，當它是以生理具體的方式註記時，也會在心靈最深層次註記。

再次發現儀式的力量

正如同我們需要克服文化偏見以趨近無意識，我們也需要放下內在深處的偏見，將儀式尊崇為人類生命所必須、有助益的部分。有些人自動接受這個想法，認為儀式不過就是迷信過往的遺跡或是過時的宗教信念。**儀式**（ritual）及**儀典**（ceremony）這兩個詞常常被貶抑用來說明「空洞且無意義的俗套」。

然而，在最近幾年，許多人開始對薩滿、美國原住民與其他部族文化的儀式感興趣。我們開始重新發現儀式是人類的自然工具，藉此連結內在我、聚焦且精煉宗教洞見，同時激活心理的能量。我們開始學習到，當我們放棄部族祖先日常所擁的精神生命，反而讓自己變得貧瘠。

　　榮格在數十年前就期待這份新覺察，他證明儀式與儀典是前往無意識的重要通道：儀式是接近內在世界的一個方法，這在人類族群的早期歷史中就已經開始發展。使用儀式可溯源至人類歷史先祖的黎明時刻，儀式是我們擁有的本能之一，就如同做夢一般，讓我們在意識心智及無意識兩者之間建立起溝通渠道。對於饒富意義儀式的本能渴求，今時今日仍然與我們同在，即便我們已經失去它在我們生命中所扮演的心理及精神角色的感知。

　　儀典一詞的其中一個意義，從源初拉丁文形式而言，是「敬畏」之意。儀典是當一個人感受到敬畏或是處在敬畏當中的一種行為方式。圍繞著宗教儀典的所有制式表現都是人們曾經對於儀典客體的敬仰與敬畏。人類自然地透過制式化行為來傳達敬仰之意，使用高度儀式化的象徵行動成為謹慎接近內在世界的一種方式。

　　這該如何用在夢境中？當你開始經驗自己的夢，感覺夢境背後有著巨大的力量及才智。你感覺自己的夢境揭露了你未知的靈魂層次，碰觸到的主題是如此重要，以至於你的整體生命感及其意義都重新排列。

　　就在那個時刻，我們需要明白儀式，以及儀式在人類生命中的角色。我們的宗教生命被再度喚醒，我們發現自己面對著神聖的世界，如同古代人一樣極度渴求儀式。為了接觸夢境的能量、使之開

展，同時還能維持我們在日常生活中的平衡，我們需要製造儀式。我們需要表達敬畏、欣喜及感恩，有時候也需要表達我們的恐懼。因此，儀式是本能提供給我們的渠道，從這一點來看，我們與原始先祖並沒有什麼不同之處。

身為心理師的經驗將我引至這個結論，我認為**敬仰**的感覺是心理健康必備的條件。如果失去敬仰感，不覺得任何人或任何事能啟發敬畏，通常指明的是自我膨脹感，此人將意識人格和無意識的滋養泉源完全阻斷。然而，諷刺的是，多數的現代文化聚焦在消滅一切敬仰，消滅一切能啟發敬畏感及對人類靈魂的崇拜等至高真理的尊崇。

真正的儀式是敬畏及崇拜最有意義的途徑之一，這是為什麼在地球各個角落，儀式自然地存在於人類世界之中，也說明了為什麼有意義的儀式不再出現在現代人的生命後，人都會感到慢性的空虛。現代人與滋養其靈魂生命的偉大原型的接觸也被否決了。

如果我們從心理的角度來看儀式，可能會說正當的儀式是**象徵性行為、出於意識的表現**。不同的人會以不同的語言來表達儀式行動的象徵意涵。但是最高形式的儀式有這個特徵：參與儀式的人們感到自己正在做一件有象徵意義的行為，而他們是帶著意識找尋能將行動轉化為**主動、動態象徵**。他們的每個動作都成為正在運作中的象徵，將內在世界的力量帶入可見、有形的形式當中。

無論覺察與否，我們的多數行為都有象徵性。但是，能讓有形行動傳換為至高儀式的方式，就是以帶著**意識的**行動來表現象徵意涵。在最佳的狀況下，儀式是一連串的有形行動，以濃縮的方式表現出個體與無意識的內在世界的關係。

儀式在意識發展的角色在於，它將象徵的經驗表現為有形且具體事物的力量。雖然我們能夠以思維來了解象徵的意涵，但是當我們能夠以身體及感受來**感知**象徵時，我們的理解會是難以估量的深刻，而且更具體。當我們只是思考象徵，或只是談論它們，我們可以輕易地把自己從圍繞象徵的情感特質中抽離出來。但是，假若我們能做些什麼來表達象徵，某些涉及身體及情緒的事，象徵就成為活生生的真實，在我們的意識中落下難以磨滅的刻痕。

儀式是工具，讓我們帶出夢境情境的本質、夢境所要教導的核心原則，以及夢境中的原型能量本質。儀式將電壓降到夠低，好讓我們能夠將它們轉譯為直接且具體的行動。

在沒有心理術語的心智狀態中，遠古及原始文化都能以本能來了解儀式在心靈生活真正的功用。他們將儀式理解為一組制式化的行動，將他們帶入與諸神的即刻接觸。儀式扮演著許多目的：讓人們展現對偉大大能（Power）的尊崇與敬仰；允許他們接近大能，這份大能並沒有讓他們感到無以招架或是佔有他們，因為彼此的交流是涵容在儀式的安全限制之下的。

如同荊棘火焰是為了不讓摩西的雙眼直視耶和華，宙斯以動物的外型出現在塞墨勒（Semele）面前，是為了屏障他驚人的威力（直到太愚蠢的她要求他顯現完全神性，因而在雷霆之火下被燒成灰燼），儀式保護個體及部落的脆弱自我意識不受無意識原始力量的影響。當古老及原始的文化在儀式中提到「前往諸神」，在原始語言中意味著他們趨近集體無意識中偉大且可怕的原型。

我們所處的這個時代，依然時興將儀式視為輕信與迷信。但是，與我們相異的文化反而比我們的文化更具有優勢，至少他們承

認心靈範疇的**存在**，無論是用哪種形式表述，他們也學習透過儀式及夢境來接近心靈範疇。相反的，我們這些現代人幾乎都放棄了宗教語言，但是我們幾乎沒有發現其他語言可以接近靈魂範疇，隨之而來的副作用就是忘了它的存在。就這一點而言，相較於我們口中的原始先祖，我們是更糟糕的。

當我們學習關注夢境及內在世界時，正是最佳的時機讓我們再次發現人類在儀式上的非凡能力。對我們而言，並沒有既定建制的儀式，也沒有任何事物是由公式或傳統所規定的。相反的，每個人必須進入自己的想像，真正「夢見」能夠榮耀特定夢境的儀式。

每個儀式必須是由你的內在我的原物料量身訂做而成，它來自那個產生你的夢、你的聯想、你的解讀的相同的內在場域。當我們開始明白無意識的表達，無論是夢境、想像、靈啟或是其他儀式等，都是出自於內在深處的同一個寶庫，所有的內在工作因此變得不那麼有威脅了。因此，一切都是共同作用。

花朵的儀典

為了說明人們是如何量身訂做簡單的儀式來榮耀夢境，我們接下來要檢視一些範例。

第一個範例將我們帶回先前那個夢境：修道院之夢。你或許還記得我先前提過我們會再回到這個夢，當她接近夢境工作的第四步驟時，檢視這個夢及做夢者的後續發展。

做夢者的經驗說明了經常和夢境工作的人廣為熟知的事實。假若我們朝內工作時也舉行一些小儀式來表達我們的內在情境，通

常會在我們的外在世界導入巨大的建構能量，以超乎預期的方式來形塑我們的外在狀況。這就是我們所能擁有的對於集體無意識存在的部分證據。我們發現無意識將我們與他人及我們的整體環境相連結；因此，當我們將大量的能量聚焦在內在世界時，一股平行的能量會在周圍的人們身上或是情境中升起。藉此，我們可以透過自身的內在工作進行療癒，這是我們透過外在手段無法達成的。

接下來是修道院之夢再次上場。

在修道院內

我在修道院的迴廊上，一間緊鄰禮拜堂的房間或小室。格子窗把我和人們、教堂的其他部分隔開來了。彌撒開始，我獨自在小室裡參與。我盤腿而坐，維持坐禪的姿勢，但是手上拿著我的念珠。隔著格子窗，我聽見呢喃回應，聲音讓人感到寧靜。我閉上雙眼領受聖餐，即便沒有任何人也沒有實際的東西進入我的小室。彌撒完成後，我發現房間邊緣花朵正綻放，我感受到深層的寧靜。

在這個女子針對夢境工作之後，她明白了這個夢在她的宗教生活及修行上的應用，但是她無法想到任何**具體行動**。這似乎與內在靈啟相關，與向內理解有關，當中沒有一丁點對於外在行動的暗示。事實上，假若她向外開始找尋可以參與的宗教團體，反而違背了夢境精神，因為夢境指明的是安靜地在精神上的覺察。

最後，這個年輕女子想到簡單的象徵行動，這個行動可以表達她對夢境的感受以及夢境對她的意義。在夢境當中，當她接受合一禮的那一刻，她看見望彌撒的小室邊緣自然綻放的花朵。她拿了

和夢裡相同的花朵，帶著花朵開車到海邊，在海邊施行了莊嚴的儀式，將花朵拋入浪花中。

　　她以此為具體的象徵行動，將她所接收到的禮物回贈給大地之母，回贈給無意識的陰性海洋。她當時心裡覺得這麼做還是太微不足道了，覺得自己應該想些更宏偉的事情來做，以表達對這個美好夢境的崇敬。但是，這是她唯一能想到的，因此就這麼做了。她對這個夢感到無限感恩，而她的行動也是對神及內在陰性面的感恩之舉。

　　離開海邊之後，她安靜地開車回家，發現在海邊的時候，有人前來拜訪，是一個不常見面的朋友。兩人在住家附近開車繞了一圈，接續發生了好些事情，看似巧合但是又讓人難以置信。

　　首先，在開車的當下，她發現自家附近就有個修道院，離她家只有幾條街之遠，她非常震驚，她的內在整個晚上及整個早上都身在修道院中。正巧朋友是少數幾個得到允許進入迴廊區的一般信徒，朋友甚至還有大門的鑰匙。友人建議兩人停下車拜訪禮拜堂，與修女打聲招呼。

　　當做夢者步入修道院的禮拜堂，彷彿就像走回她的夢境。這個未曾見過的禮拜堂和她夢中的禮拜堂一模一樣，有著完全相同的細節。她獨自在禮拜堂坐下，以坐禪的姿勢冥思，而夢中的意義、感受以及深刻的寧靜感再次流入她心內。

　　隔天，她得到允許可以經常前往修道院冥思，利用安靜的時刻滋養她內在修士部分。修道院之夢成為外在的有形現實，也是夢境範疇的內在真實。內在流與外在流成為平行的能量系統，相互協同運作。

這一切經驗中的矛盾點是，當她準備好放棄一切外在「歸屬」形式或是機構化的宗教時，卻又突然發現自己置身真正的修道院、一個有形的禮拜堂一群修女在一起，她可以身處宗教團體裡，一週幾小時與她們相處，如同宗教合一的感覺。這當中沒有任何一項與內在修道院是衝突的，夢境中所顯示的精神內在生活，是超乎外在與集體的宗教形式。

如你所見，做夢者為自己的偉大夢境施行的儀式，對她而言並非過於戲劇化，但是她的「花朵的儀典」正好符合夢境當中那單純、強而有力的象徵，因此串起了夢境內在世界與外在世界之間的連結，促發了那天之後所發生的共時性事件，並將她內外雙邊的現實繫在一起。

假若我們能學習以這樣的方式生活，我們會發現所有的夢境既朝內也向外彰顯，只有毫無覺察會阻止我們看見這微小的連結。儀式及儀典能幫助我們看見內在世界與有形世界相遇之處，看見它們在平行的能量場運行時，是在何處反映彼此的。

當你想不出任何可為之事時

你永遠可以有所行動，簡單、具體，即便想不出任何事是直接與夢境相關的。你可以出門到附近走走，以表達你對夢境的敬意，假使那是你唯一能夠想到的。點燃一支蠟燭，**做些什麼**。假使你是帶著意識行動，任何行動都可以，表達對夢境的敬意，你的無意識會注意到的。

我記得有個優秀的男人，一個修士，前來找我做分析。他不

像中世紀神學家聖托瑪斯・阿奎那（Thomas Aquinas）那樣的接近肉身世界。他非常理智，一切對他而言都是精神面、理論的及抽象的。為了回應夢境，他會輕巧地逃離到幻想及神學當中。但是，他的夢境似乎從來不曾在他的情緒生活、現實生活、他與人們的關係，以及與他周圍世界的關係中留下任何註記。

分析的過程一切安好，直到夢境工作的第四步驟，他生我的氣，不理解為什麼應該針對夢境做些什麼，他認為只要用思維理解，只要掌握理論就夠了。

有一天，他針對一個夢境工作，如同以往對我感到生氣，他說：「那麼，你到底期待我針對**這個**夢做些什麼？」非理性的回答從我的無意識跳出：「你可以出門，看看十棵樹上的樹皮，表達你對夢境的敬意。」

他看著我，一臉吃驚，站起身，低咕了幾句，轉身向後走出房間。我有些不好意思，夢境當中沒有丁點事物是跟樹或樹皮有關。對於我口中迸出的一切，我和他一樣感到吃驚。

大約三個小時之後，這個修士回到我門前，興奮地拍打大門，說：「羅伯特！你不知道樹皮是多麼有趣！有些是棕色的、有些是灰色的；有些是平滑的、有些裡面有很多皺褶，而且還住著小生物。朝北的那一面有著不同於朝南那一面的色澤，還有苔癬長在上面，還有還有……你不會相信樹皮是多麼漂亮又有趣！」

在那三小時當中，這個男人第一次從具體存在的有形世界中甦醒。他看見有形世界**裡**的精神，而不是將自己抽離。彷彿是我們成了禪宗的**公案**：「十棵樹的樹皮是什麼？」

公案，是讓人費解的陳述，或是傳統禪師給僧人的短文，命令

僧人找到公案的「答案」。但是公案是一種非常態建構，在一般自我邏輯底下是找不到答案的。僧人必須從傳統的歸類當中跳出來，越過邊界進入非理性的直覺的智慧。一個著名的公案例子如下：讓我看看單手鼓掌的聲音。

就如同所有的公案一樣，這個問題不會有普通的答案。在十棵樹上的樹皮是什麼？我的朋友倒是發現了，就如同他給的答案，你在十棵樹的樹皮上發現整個宇宙。

運用常識

你的想像力通常會為你的夢境創造出有益的有形儀式。從這一點而言，你應該向你的想像力求助。如同我們知道的，想像力及夢境出自同一個源頭，它們是一致的。但是，並非你的想像力創造的每一件事物都要從外在以行動表現出來，你仍然需要運用你的頭腦！

印度聖人斯利‧奧羅賓多（Sri Aurobindo）曾經說過：「是什麼原因，讓人們對世界放手的時候，最先放開的就是常識？」你可能在面對夢境的新奇世界時感到自己正放棄老舊且狹隘的世界，但是絕對不要放棄常識，不要放棄禮貌或是對於周圍人們的敬意。夢境工作的第四步驟，也就是這個有形的儀式，是個強大的工具，如果你能以建設性的方式運用，它會對你的生活造成深遠的影響。但是假若你用愚蠢或是不負責任的方式運用，它會對你及其他人帶來悲痛。在你做出過於戲劇化或是衝突過大的事情之前，請你三思，因為這些事情將牽涉到其他人及他們的感受。

在回應夢境時，你應該避免那些會讓你陷入無謂麻煩的事物。你不應該陷入與其他人的破壞性對立局面。不要拿你的夢作為發洩情緒的特許證。

有時候夢境會提醒我們與其他人的衝突，或是可能激起內在的渴望，想要「從中完全解脫」、放棄社會的限制或責任或承諾。在那些情況下，你要小心謹慎，不要過分反應，不要在沒有經過長時間仔細思量的情況下，重新安排你的世界或是關係。假若你「倉促行事」，可能會造成許多傷害。

我曾經有個就讀研究所的個案，室友是他的好朋友，但是因為很不負責任，他對對方很不耐煩了。有個晚上，這個個案夢到自己對室友生氣地數落了一番，最後兩人互毆。

當他醒來之後，第一個衝動念頭就是與室友理論，告訴他有多惹人厭，同時跟他攤牌。但是相反的，他針對這個夢工作，問自己：「在**我內心**有誰代表室友的意象？」他開始理解到實際上他是對**自己**不負責任感到生氣，因為那阻礙了他在課堂上的學習。他選擇朋友的意象來代表自己身上懶散、沒有條理的特性。

當他進入夢境工作的第四步驟時，他問自己什麼有形的儀式可以讓夢境具體化。想要找朋友吵架的誘惑仍然非常強烈，但是他可以忍下來。

他坐下來寫了一封長信給那個需要長大、需要做出決定且成為大人的自己。他寫了好幾頁，說明關於負責任、決定，以及犧牲、堅持既定的計畫等事項，寫下他的**內在**「室友」需要知道的一切。

他把信件放入信封，寫上自己的收件地址，接著去郵局，付諸正式儀式，貼上郵票寄出信件。隔天信件寄達，當他打開那封寄給

自己的信件，身體顫抖著，那彷彿是無意識的聲音，從遠方傳來，透過這封信對他說話。在那之後的幾個星期，他隔幾天就會寫信寄給自己。藉由每封收到的信，夢境的訊息和應用更加深刻烙印在他的意識心智中。他對於生命的看法再也不一樣了。

這個例子說明了我們提到的原則，夢境工作的第四步驟並非戲劇性地和你生氣的人對質、分手，或是帶有破壞性的行動，它並非企圖以大道理來「解決問題」，因為不會有結果。它應該是個有形的儀式，讓你確認自己對於夢境及夢境所描繪的事件負責。

假若你與外在的人物有著未完成的事宜，在你針對夢境工作、施行個人的儀式、針對你的疑惑負責任之後，你就能夠以建設性、非抗爭性的方式來處理未完成的事。

讓儀式細微且低調、正面且肯定，你能從中得到最好的成果。

儀式是讓我們將人類現實的對立兩極整合起來最有力的工具之一，也是一門藝術，將對立的雙邊繫在一起。原型、精神的**陽**，需要與我們此時此地塵世的**陰**本性結合在一起。陽性的精神，已然失落在抽象和理論中，必須定錨在陰性大地上，必須直接經驗陰性靈魂。前往現實的陰性面需要透過具體化、母性物質，以及與大地連接等道路，這些都是直接透過有形的行動而群集在一起。

你在夢境中所看見的世界是在時間與空間之外的內在世界，它的力量、它的訊息必須化身在此時此地的人類世界，必須找到管道進入你的每日生活，因為除非你活出它，否則就會失去它的真實。

夢境工作實例：四個惡棍

　　為了以務實的方式來說明我們的四步驟，我會針對一個簡單的
夢逐步工作，也歡迎你加入這個歷程。這是我多年前做的簡短夢。
有些夢看似微小且簡單，卻能夠對做夢者帶來驚天動地的意義，就
如同這個夢對我的效應。這個夢也說明了我們可以將原型的參考資
訊與純粹的個人聯想結合在一起，以產生對於夢境訊息的認知。

　　以下是我的夢境內容：

四個惡棍之夢

　　我在家鄉奧瑞岡州波特蘭市。我走在威廉斯大道上，小時候的
我會從那條路走到小學。這是我以前生活的社區，就和我小時候的
情況一模一樣。我走過街角的日本蔬果店，那家店仍然屹立著。似
乎我正拜訪這個老社區，我覺得自己是處在現在的年紀，但是我被
送回過去的那個地方。

　　我走過空地，感覺那兒藏著一些東西，我突然直覺自己會被打
劫。我停下腳步，把皮夾從屁股那的口袋拿出來，把錢拿出來，有
四十元。我把鈔票放在襯衫左邊的口袋裡，就在我胸前，把皮夾放
回原位。

　　四個年輕的惡棍從灌木叢中跳出來，把我團團圍住。我知道這
就是我直覺的打劫，也知道逃跑是沒有用的：他們有四個人，每個
都比我年輕比我強壯。他們是「道上的兄弟」，很容易就能把我壓
倒在地。

　　他們仔細搜我全身，從我的鞋子開始往上搜。當他們搜到屁股

那裡的口袋時，發現了我的皮夾，但是裡面沒有錢，因此，他們繼續找。當他們搜到我的襯衫左側口袋，找到那四十元。但是，就在那個時候，因為花了很長的時間和我在一起，有了非常多的身體接觸，以至於他們「認識我」了，感覺我們已經相當熟識，變成了朋友。

他們留下來，友善地和我說話，但是沒有拿走我的錢，因為現在我們已經是朋友，你不會拿朋友的錢財。我感到有些可笑的開心，開心自己有這些惡棍朋友，而且我很喜歡他們。

步驟一：聯想

在我們進入這個夢境時，我會用兩種格式來說明兩種方法，讓你把聯想呈現在紙張上。第一個方法相當簡潔扼要，如你在下方所見，我把象徵放在左側，接著以最扼要的方式寫下我心中針對象徵所浮現的任何聯想。

第二個方法則是以對話的方式跟自己在紙上談論聯想。我同時運用第二種方式作為給讀者的非正式評論，解釋我是如何產生聯想。你可以使用其中一種方法，或是使用我們先前學過的「圓輪與輪輻」圖示法。

閱讀以下的內容時，你會注意到我通常對於每個意象都有許多的聯想。但是只有少數的聯想最後會讓我「恍然大悟」，或是適用在最後的解讀中。事實上，你或許會發現自己對於這一切不著邊際的過程失去耐性，一頁又一頁檢視聯想內容，最後卻發現都不適用。

我刻意將所有的聯想都保留下來，如此一來，你才能明白一個人實際上必須經歷什麼才能試驗每個不同的聯想，找到那個能讓你「恍然大悟」，把它們套用在我們的內在部分，最後將一切焊接在一起，成為完整的詮釋。我花了好幾個禮拜的時間，不斷回到這個夢境內容，在一切變得清楚明白之前提出所有的聯想。但是，值得：這個夢改變了我對於我是誰的想法，也改變了我的生命歷程。

對於夢境象徵的聯想

威廉斯大道與老社區	在我對衝突覺醒之前的兒時時光：「伊甸園」。街道：兒童最先覺知的人類聚集地及集體性。集體存有的開始。懷舊之情。 威廉斯大道對我而言，代表我還是孩童的那段時光，在我「覺醒」、對生命內隱的區分性及衝突有所覺知之前的時光。在那個社區的童年時光，有著老舊的木造房子，那是一段單純且快樂的時光。威廉斯大道對我來說，是**那條**街道：是原型的街道，形成了我對於街道的整體感受，那是人們生活及聚集地，街道上有商店，是文明及人類集體存有的小樞紐。在那個社區中，當時的我處在「伊甸園」。這是在我覺醒於道德衝突、是非分別之前的時光，在我知道世界上有背叛及憎恨之前的時光。那是我前意識的伊甸園。
日本蔬果店	另一個文化的人們。帶著儀式、儀典、優雅、細緻的文化。穿著和服的淑女。禮貌。籃子裡裝著

紫丁香及年糕。禪宗佛教。印度。感受及關係。投射、隨意及多愁善感以外的關係。

　　浮上心頭的第一件事是,這是我遇見不同文化的人們的首次經驗,他們讓我著迷。這是我第一次覺察到人們的不同、覺察到有種做事的方式是儀式化、優雅而且細緻的。我記得有個親戚從日本前來,穿著和服。

　　我在一旁觀看相互鞠躬及相互交換的禮貌,驚訝於形式的美麗,那是老派的日本人,他們知道如何展現禮貌及尊重,這是我在我所屬的美國白人族群中產階級波特蘭人社群中未曾見過的。

　　因為日本家庭之故,我家開始注重禮貌、禮節:每年我的祖母會送一籃紫丁香給他們,隔天總有一盒精緻的年糕送到我家作為回禮。

　　日本蔬果店為我開啟了一個世界,從那時候開始,我本能地試圖擴張視野。我的渴求甦醒了,引領我到日本及印度旅行。我將之與我對禪宗佛教、東方哲學及印度文化的自發興致連結在一起。日本家庭在我的內在激發了某些崇高、高貴、美麗的事物,都在我的文化經驗之外。

　　多年後,我了解到傳統的東方人對我而言也代表著溫暖及關係的能力,那是不同於透過膚淺、隨意、虛假及過份親密等方式「建立親近感」,而這正是很多美國人用以替代真誠感受及真誠關係的方

式。而日本文化，特別是禪的文化，以極致的方式表示對於內在世界、宗教經驗、美的真正尊重。所有這些聯想都從這個象徵浮現我心頭。

空地　　　　未發展的＝城市中原始、野蠻的地點。被街道所圍著＝限制、界線、形式與架構。但是在空地上是沒有形式存在的。未開化的。法律管轄之外。一片荒野。每年需要除草、有著火的危險。不法之徒的藏身之處。躲避。宗教靜心？陰暗的地方：陰影之處？在意識範疇內的無意識區塊？

對我來說，空地是城市中央未被碰觸的原始土地。四周的一切都是開化的、發展的，同時為人們所使用，但是這塊空地仍然像一片野地。雖然這片空地是被圍起來的，也有四周街道為界（我認為這對我而言代表著「文明」），但它是不「開化的」。給人感覺是「在法律之外的」，就像是《羅賓漢》（Robin Hood）裡的雪伍德森林一樣，潛伏著惡棍，講白些就是不法分子。我也將之和無意識及陰影聯想在一起：我內在的地方是被意識所圍繞，但卻是在陰影中，也在我的意識控制之外。

皮夾　　　　你放錢的地方，因此是保有資源的地方。信用卡、身分證，因此，皮夾＝一種**通行證**，讓你可以在人群中過關。皮夾通常放在屁股口袋（hip pocket）中，錢在「臀部」（hip）高度。皮夾＝有用的，但是也可以是一種彰顯、炫耀，一種虛假

　　　　　　　　與內在對話：夢境‧積極想像‧自我轉化

形式的安全感。

金錢　　　　四十元＝四。四＝完全、完成、全體、一個循環或是整合的完成。金錢是一種資源。能量？權力？心理的強度或是力量。生命力。你投資的事物。把它放在「臀部」高度或是胸部高度。投資在哪兒？在哪兒有作用？

這是原型的擴大法開始帶來助益之處。我知道數字在夢境中相當重要，也知道通常數字四是完成、聯合、完全及全體的傳統象徵，大多數的宗教、煉金術及古老的哲學中，都是如此認定。希臘人相信四大元素（地、風、火、水）。基督教的曼陀羅有十二使徒，形成四組圍繞著基督。北美印地安人將他們的宗教建構在四個方位和四個風向上，代表著將個體的主要元素結合在一起成為完整的意識。

金錢似乎連結上**資源**：或許是生理或是心理的能量，或許從更深層次的角度，是生命力。金錢是人**投資**的事物。因此，我將我的生命力、我的注意力、我的主要能量投資在何處？資源也是個人的才能、力量與才智。你可以用金錢完成某事：因此是做出實際事物的能力、讓某事得以完成。金錢是我們努力賺得的事物，代表我們的工作、紀律及專長所累積的價值。

屁股口袋

脈輪（chakras，意識的中心）的其中一個是接近臀部、臟腑、人格的情緒面、控制臟腑能量的中心。「酷」的：鴉片使用者。「嬉皮」的起源＝起源，涉入毒品圈。同樣的，臀部（hip）＝「懂」（into the scene）、「懂」流行的事、「了解行話（hip to the jive）」。

我從古早的鴉片次文化中學到**趕時髦**這個詞語，在那個圈子中意指處在吸食鴉片的恍惚狀態中。當迷幻藥及大麻在垮掉的一代（Beat generation）中開始受歡迎時，當時跟著趕流行的人們被稱作是「hip」，後來於是有了「嬉皮」這個慣用語。我的聯想是什麼？對我來說，多數的嬉皮生活代表的是假裝進入「愛」與「靈性」生活，事實上卻是不負責任且依賴的。那是一種待在負面母親情結的方式。

另一個聯想：「不經思索的反應」（shooting from the hip）。

在昆達利尼瑜伽（kundalini yoga）中，有個脈輪位在臀部區，是意識的中心。我認為它控制著**臟腑的**能量，而這在瑜珈的象徵中，意味著原始的情緒及原始本能的動物能量。當一個人發展了那個意識中心，意識必須提升到身體較高層的脈輪，因此，將我的金錢從臀部移開往上放到胸部高度，可能意味著將我的人生焦點從臟腑或是「臀部」的高

　　　　　與內在對話：夢境‧積極想像‧自我轉化

度移開。

　　另一個讓我有恍然大悟的聯想是從「與之同在」或是「懂」的整體感覺而言。我可以想到的例子是，我將自己的能量投注在試圖「進入」一群人或是建立關係，如此一來，我覺得自己是「圈子裡的」。

胸前的襯衫左
側口袋

　　在心臟上方。心臟的高度。心的價值＝感受價值。情感的功能。在昆達利尼中是心輪（anahata chakra）。投資能量在心的層次。與人們的感受關係。

　　這個夢就像個神祕故事一般慢慢對我展開。起初，我無法針對襯衫左側口袋做出任何聯想。我感覺將四十元往上移到口袋裡的舉動，不知怎地應該是夢境的關鍵，從這一點衍生出所有事件。但是，無論我如何努力，都無法找到那個真的讓我「茅塞頓開」的聯想。

　　我不知道花了多長時間，也許好幾天或是好幾個星期，我試了所有的瘋狂聯想。後來我發現，口袋是在心臟上方，或是在心臟的高度。如果褲子的口袋可以稱作「屁股的」口袋，這個襯衫的口袋同樣可以稱作「心的」口袋。從這一點開啟了一大串的聯想。心的價值是**感受的**價值。心的高度是感受的高度。

　　在榮格的類型中，情感的功能並不像有些人假

定的是與情緒相關的。情感與情緒是心靈中的不同能量系統。當人們**感受**時，他們實際上是在賦予價值。假若你對另一個人感受到愛，你是賦予那個人最高的價值，肯定對方的價值，是值得的。當你感受某事物是美麗的，你是在賦予一份價值或是認可那件事物的價值。

因此，更好的方式是將情感功能稱為**價值**功能。它是心靈的功能，辨識認可人、事物及想法的價值，同時區辨出哪些是有高價值哪些是低價值的。情感功能會告訴你，是否特定人物對你是有幫助的、是能夠「滋養」你的；從情感的感覺而言，或是對你有害的。假若你的情感功能是在意識下運作，它會告訴你什麼對你是好的、什麼對你是有破壞性的。

一旦我明白了襯衫口袋對應到**心的**高度，進一步與昆達利尼瑜珈的聯想就打開了。**心輪**同樣位在心的高度。這個意識的中心被普遍認為是產生及控制細緻的感受：愛的力量、對情感事物的細微區辨、對美的欣賞、心靈的感受度、無私的愛，以及對其他人的關係。這個**脈輪生成**對於什麼是好的、真實的、高貴的或是美麗的感受。昆達利尼對於情感及情緒做出相同的區別，顯然地，未經處理的原始情緒，讓人成為「情緒化的」或是喜怒無常的人，是與較低層的脈輪相連結的，只有較細緻且

與內在對話：夢境・積極想像・自我轉化

「理性的」情感會從心輪得到進展。

惡棍們 　　　　　　不法之徒。在「法律」之外的人們＝在意識心智或是自我世界已建立的「秩序」之外的某件事物。在社會法令之外的。陰影。破壞者，因為他們竊取錢財，因此，竊取我的能量、力量以及資源。四個惡棍＝相同於四十元裡四的意涵。四＝完成、合一、完整。完整是來自我的心靈中的「惡棍」面向嗎？他們會竊取我的能量，除非我將它放在心的高度？幫派＝「聯合起來對付我」。

　　如同你看到的，我的心思已經開始試圖跳過夢境工作的第二步驟：我自發地思考這些惡棍是我內的哪個部分。我將他們聯想為陰影，因為他們似乎是活在自我的「意識域」，也就是那個文明開化的城鎮，但是，他們生活在陰暗的無意識空地上，是我的意識或控制之外的。他們是無意識的，顯然是被壓抑的，我的陽性面那部分，試圖被同化進入意識自我或是與之整合。

　　因為他們是「不法之徒」，對我來說，意味著他們是在自我既定世界控制之外，是在我的既定態度或是自我形象之外的，我對自己的概念。

　　他們有四個人。這告訴我，自相矛盾的，雖然他們是惡棍及盜匪，他們對我來說代表著**完整**。那意味著我必須將他們帶入我的意識生活中，為的是我的完整性，以及成為完全的個體。

我將**搶劫**與某個基本的心理原則聯想在一起：假若你將部分的自己壓抑住，排除在你的意識生活之外，它會變成強盜，藉由製造精神官能症來「竊取」你的時間及精力，這是它強迫進入你生命的方法。它對你蓄意破壞，不讓你依自己想要的來運作。「搶劫」可以是以生理的病症、疾病、精神官能症、焦慮，或甚至是「倒楣」「聯合起來對付我」的方式來呈現，就像夢中四個惡棍的作為。

我將夢境中我的自我**被壓制**連結上無意識的原型通常比自我來得更有力量這個事實。如果我的自我拒絕與無意識的元素整合，無意識擁有力量讓我的自我生活陷入停頓。我在這個夢境中被動地呈現停止狀態，假若這個狀況沒有得到正面修補，接下來我會在實際生活中經歷那個停頓。

搜尋錢財　　　　夢境中的生理接觸，意味著心靈部分的溝通。在對立兩極間溝通：意識與無意識、自我與「惡棍」、自我與陰影面。心靈的合成從衝突開始，結束於友好關係。找尋資源。找到我把錢放在哪裡的重要性遠勝過找到錢的重要性。

朋友，以及變
成朋友　　　　結束衝突、加入力量、加入兩兩一組的對立面：可敬的自我與原始的惡棍。與我的其他部分整合。與陰影的整合。前往陰影的觀點。溝通開始於衝突、竊取，結束於整合或是合夥關係。從惡棍身上學習。在生活中留下空間給違法事宜。假若錢財

是投資在正確的層級，是有可能發生友好關係的。

我們在夢中看見的人物互動都是全體我各部分的溝通形式。可能有打鬥、戰爭、戀愛、憎恨、友誼及敵意，一切都是對立兩極的相互摩擦，認識、了解我們內在共存的不同能量系統。

因此，這個搜尋錢財，以好奇的方式，是我的自我與「惡棍」，那個屬於我的陰影彼此之間的一種溝通形式。心靈的多數溝通是從衝突開始的。我們人格當中的無意識部分必須爭取「同等的時間」，爭取被看見，與主導的態度及意識心智的力量系統對抗。但是，打鬥、竊取以及某種形式的對抗，遠比完全沒有接觸來得好。假若，自我可以從衝突中學習開啟自身對陰影的觀點及價值，那麼衝突會慢慢進展成為友誼及整合。

步驟二：將夢境意象套用在自己的特定部分及內在生命的動力中

威廉斯大道　　　　　現在我嘗試找出由威廉斯大道所表現的屬於我的部分，以及正在實際運作的內在動力。

讓我恍然大悟的聯想是伊甸園：亦即，它是原始的、未分裂的兒童狀態，人在當中感受到世界的無區分性，感受到與父母、家庭及周圍的世界處於全然的結合，沒有需處理的不和諧議題，也沒有衝

突。

為什麼這會在夢中浮現？我內在正發生什麼是與這一點相符的？當某些兒時的事物在心中浮現時，或許是個跡象，顯示夢境談論某人的生命整體意象，從兒時至今的進展與所經歷的發展階段。因此，我可以從發展階段中逐一找尋。

此處的線索是日本蔬果店。通常我是如何將日式家庭的特質與威廉斯大道的特質相比較？假若我是從發展階段與其影響的角度來看，一切就說得通了：威嚴斯大道是我對世界的基本價值取向，是我身為白人中產階級的孩子所持有的外傾，以及以感知為主的態度。

我個人人格特質中的異國元素則會無可避免地與兒時的白人世界發生衝突，這是透過在街角的日本家庭所表現出來的，那是我身上內傾情感的那一面，是我內在屬於心的特質，是與我所擁有的白人文化相異的價值。

據說夢境有四個發展階段，四者並陳才能成為一個完整的夢境：

1. **戲劇化的角色**（人物與地點）

2. 問題的陳述

3. 夢境針對問題的回應（發展）

4. **解決**（結果或是解決方案）

原初的場景是在威廉斯大道，那是我既有的、

與內在對話：夢境・積極想像・自我轉化

牢固的、外傾的、實際的白人世界。當我見到日本蔬果店時，問題就清楚了。問題本身就是一場交會，開始於早期兒童時期，與一個代表著對立價值觀的文化交會。但是，那個文化所做的正是將這個孩子從對立的價值觀中喚醒，那份價值觀早已在他內心沉睡，休眠中，等待被喚醒。這是與陰影交手一輩子的肇始，是朝向完整自我的運動。

對於這個問題的回應，這個主題的發展，稍後呈現在將四十元現金移到心的高度，還有遭到四個惡棍打劫。

因此，為了要更加具體，假若我問自己內在哪個部分是威廉斯大道，我可以說它是我現在自我架構的種子，價值系統的開始，後期則成為我的首要態度以及對生命的主要觀點。這個夢境的重點在於這個首要態度是抑制情感的那一個，是對情感感到尷尬，同時將情感等同於令人窘迫的情感主義。在這樣的文化下，多數人會讓多愁善感來代替真實的情感。

日本蔬果店　　它彷彿是我內在活著一個分隔的小「文明」，就像是日本的老式禪宗佛教文化。那部分的我專注在內在事物、靈魂生命、沉思原型及神的面貌，同時找尋內在的和諧及意識。我的內在日本文化甚至也關心外在事物，像是和服的美、關係中的雅致形式主義及禮貌，還有以優雅的方式來展現敬意及行

止，這一切都是個人努力追尋的內在領域和諧性的外顯象徵。它們同時將我導回神聖的世界，以「內在優雅的外顯跡象」對我產生衝擊。

我所生長的威廉斯大道世界教導我關心外在的事物，像是過體面的生活、付清帳單、完成該做的事物、建造房舍、在庭院裡植花接木、與鄰居關係融洽、活得讓鎮民們尊敬自己。這些特質都有其價值以及與生活的關聯，但是這些價值鮮少給予內在世界空間。

是我「日本的」這一部分，展現出對於中世紀、原型基督教義、禪宗、印度教，以及偉大神話的興致。那是我內在找尋其他文化及宗教的崇高、高貴與美麗特質的部分。

但是，我的主要聯想是我內在的內傾情感特質。這在稍後的夢境中會回應到「心」的高度。那是關係的能力，在極致的狀況，它不會落入感傷或是「個人的」的一般及虛偽。它看重忠誠及關係的本質，而非過度裝飾的言詞或是展現出無法持久的情緒。

空地　　這似乎是我心靈內的「地方」，被自我架構或是意識心智（城市街道）所圍繞，但是一小片無意識野地，是在自我控制之外的，這個地方順應著自然，同時我的陰影可以得到藏匿。

我能否在生活中找到特定的事物是與這個地

方相符的？我知道我的人格當中有著可笑的「地方」，那些失誤與缺漏，在毫無預警的狀況下讓我突然間變得不文明，彷彿我突然需要回到森林或叢林當中。它們讓我感到尷尬，我試圖要控制它們，但是通常都不得其道。

然而，相較於其他內在部分，我學到這些部分有時候反而是我更具自發性、生命力、更帶情感，以及更自然有人性的區域。透過試圖嚴格控管所有這些「空地」，讓它們更加值得尊敬，我反而將自身最好的或是最自然的部分給抑制住了。

我試圖定期進入人格的這些區域，就像是消防隊前來清理枯草以減低火災的危險，在當中清出一些意識及文明。但是在其餘的時間，我決定讓雜草及野花不受打擾地生長。

我將這一點連結上我的情感面，我會突然對人們感到熱情。我會突然喜歡特定的人，想要為他們做些什麼或是花些時間與他們相處。我會突然拿掉我那正式、矜持、「文明的」英國紳士人格面具，自然流洩我對某人的愛意或是欣賞之情。我總是因為這樣感到尷尬，也害怕自己因此讓別人感到尷尬或是覺得事情「失控了」。但是，這項特質通常會給我支持，讓我發展出溫暖善良的友誼，也引領我與來自不同土地及文化的人們建立深刻且令人滿意的關係。

我總是對內在的這個「空地」感到困惑。我持續想著應該清理、開發它，好好地掌控它。接著我會下結論說最好讓它自然發展。有時候，在愛意與情感的這個領域中，野草及野花比中規中矩的花園要來得好些。

皮夾與金錢　　基於我的聯想，我認為金錢指出我的內在資源、我的主要能量及生命力。這個夢所聚焦的問題在於我將能量及生命專注在哪個地方。金錢是我們投資的事物，因此，我到底將主要的力量和資源、生命的主要目的與意義投資在什麼地方？説得白話些，我將我的金錢下注在哪裡？我是否「以行動支持我所説的話」？

金錢中四這個數字告訴我這不是小事情，這是我的主要生命能量、是我秉持的要旨原則或方向，又或者是我對人生的承諾。我在何處放置夢中的金錢，象徵著我在何處投資全部的自己、人生，以及最高的能力。我將這一切承諾放在哪項價值之上、放在人生的哪個面向上？

屁股口袋　　我將這個意象連結上我內在交錯的集體態度系統或信念，這是看待事物的無意識基本假定。首先，它想要成為「跟得上的」態度，亦即被包含在特定團體內人們所做的事，想要進入或是成為「圈內」的一部分。同時，我也聯想到「嬉皮」談論「和平」與「愛」的方式，事實上在多愁善感的話

　　　　　　　　　　　　與內在對話：夢境‧積極想像‧自我轉化

語背後藏著其他動機。這一切結合成為對深刻情感的集體仿效，但實際上那是為了融入人群或是一時狂熱說話的一種方式。因此，我認為將錢財從那個高度移開並提高到心的高度，告訴我必須將金錢從集體的情緒表達或是多愁善感中移走，同時將自己投資在與他人的真正情感連結上，投資在對我真正有意義的價值上。

襯衫左側胸前口袋　　　在步驟一中，兩個想法讓我有恍然大悟的感覺，其中一個是心以及心的價值，第二個則是昆達利尼瑜珈的心輪。無論是哪一個，我都是與內在的情感功能及內的情感生命相連結。

　　在步驟一中，我解釋了情感功能，以及情緒與情感的分別。我花了很長的一段時間才能夠將這個細節，也就是這個襯衫左側口袋與我自己的情感面連結一起，這是因為我從未將自己想成是個情感型的人。我原先以為「情感型」就是非常情緒化的人。我認為，既然我不被允許展現情緒，也不能忍受多愁善感，我就不是個情感型的人，我以為我是受到思考或是直覺所主導的。

　　正是這個對心的聯想，讓我更仔細看待這一點，明白了當榮格提到**情感**型或是**情感**功能時，並不是指「情緒化」。這個象徵強迫我更仔細地看自己。我開始理解真正驅動我生命的那個面向，那個在我生命周遭非自主運轉的，正是情感面：包括那

些贏得我的愛的人們、我在他們身上所感受到的值得讚揚的特質，以及體現我熱誠與忠貞的價值觀。正是這些情感關係、這份對於人的價值的看重及感知，激勵了我的生命，給了我中心感。在我生命中，讓我感動、深刻激勵我的，正是我在那些與我接觸的人們身上所看見的美麗、高貴與內在特質。

在我做這個夢之前，我總是試圖壓抑這股內在能量流、對之輕描淡寫、將之隱藏。在我成長的家庭及文化中，我們不會公開表達情感，表達情感是讓人尷尬的、靠不住，也不實際。假設你因為一首交響樂而深深感動，人們會認為你有點奇怪。如果你展現過多感情，其他人會感到不舒服。任何從心而做出的決定，而非從冷靜實用性而做出的決定，都是可疑、不可靠的。感受、深刻地愛、陶醉於人的美、陶醉於大自然或是陶醉於某份價值觀，這些都是不合宜的，在可敬的社會中也是不相稱的。

在這個夢境之後，在我與這個象徵互動之後，我終於發現了自己的心理類型，以及與之相伴的法則：我是內傾情感型，而我生命的主要動力不同於我原先所想的。因此，我認同我的內在相應於這個象徵的部分，我也發現我的內在生命顯現出這個部分正在運作的特定動力組合。

將錢財移到這個口袋，對我而言似乎代表新的投資，把我的能量、能力，以及生命本身投注在情

　　　　　與內在對話：夢境・積極想像・自我轉化

感功能上。我覺得這代表投注在心的意識中心，對應著心及心輪。

惡棍們　　　　在步驟一中，我提到將惡棍聯想為我的內在**陰影**，那個仍然處在無意識中的變形自我，包含了人格面向中仍待整合進入自我觀點的部分。而我需要發現生命中的哪個特定面向讓我得以看見陰影的作用。

假若我再一次檢視我的夢，把它看作是一系列的發展階段，有些事物因此變得清晰。惡棍這一面，似乎再次展現我的威廉斯大道背景中的**它者**困境：日本蔬果店。問題在於當**內傾情感特質**出現在我生命中，它也形成與我的白人文化與訓練的嚴重衝突。它首先展現在日本家庭的意象，接著再度出現，但衝突往更深層次發展，表現在陰影的形式，也就是惡棍的特質上。

內傾情感的特質是屬於我的，但是它在自我的世界中無法找到受到尊重的空間，因此，受到壓抑進入空地裡，那是我的意識域裡的無意識小島。我的自我將這部分的我看作是「惡棍」，但是既然惡棍是以**四**出現的，夢境告訴我惡棍是我內在的關鍵部分，讓我知道我需要惡棍來讓自己完整。

我們的陰影會以「惡棍」的意象出現的另一個原因是，他們被迫進入所謂的「犯罪生命」，如此才能在由自我及自我價值所主導的世界中生存。舉

例來說，如果一個情感型的男人拒絕活出情感面，他的陰影會從他身上竊取能量，同時將能量投注在他的情感面。多數的時候，這是透過衝動表現而達成的：我們違反個人意志而陷入愛戀，我們的心突然間自顧自的迷失在瘋狂的道路上，把我們的冷靜集體心智給嚇傻了，也徒勞無功地掙扎於維持秩序及尊嚴上。

我們的惡棍情感也會透過將我們陷入憂鬱及其他心情中來竊取能量。他們讓我們的身體生病，憂鬱、低落，以及疾病會製造相當低能量的情感生活，但是無意識顯然覺得有總比沒有來得好。不過，我們的內在惡棍也會表現出高貴的角色：就像羅賓漢一樣，他們劫富濟貧，從富有的自我帝國中盜竊，將所得給予那些未得滋養的情感功能。

我可以看見這部分的我在生命中以另一個形式作用：夢境展現出我與惡棍陰影之間的衝突，一再發生，直到最後我們變成朋友。而為了防止被搶劫、止住能量流失，以及最後成為朋友，我需要的關鍵作為就是，將我的錢財移到不同的高度，心的高度。我明白自己多年來與內傾情感面的衝突，而它也打劫了我許多年，那是透過衝動、壓抑，以及透過身心症狀等形式。如今，我看見自己可以將錢財放在心的高度，認同我的真實情感本性，並與我的惡棍做朋友。

夢境解讀

誠如你已注意到的，我在夢境工作的第二步驟有些被帶開了，不安地做出了許多實際的解讀，像是發展出對夢境的概觀、從發展階段來看夢境、將夢境連接在一起等等，這些動作實際上應該是屬於**解讀**階段。有時候就會這樣，你在步驟一或是步驟二中做了一半，內在有些部分被點亮了，你開始把整個夢連結在一起。這不是問題，當整體解讀從內在傾洩而出，只要你完成解讀，不管在哪個步驟都沒有關係。

因此，我的解讀可以相當簡短且扼要，我可以直接進入這個問題：「這個夢帶給我及人生的主要整體意義為何？」

這個夢主要讓我看見自己是不同於原先所認定的自己，看見我有權利、責任活出與真正的自己相符一致的生活。在這個夢之後，我發現自己是內傾情感型的，我生命的主要焦點必須是我的情感價值，以及我和周遭世界的情感關係，特別是與人的情感關係。

從實務的角度、從生活的方式而言，這對我的意義為何？現在我可以提起勇氣，開始以有意識且謹慎的方式將自己獻身於情感世界。我可以將大部分的時間及能量致力於耕耘友誼，以及與人的關係，將時間投注於重質重量且有深刻意義的活動與議題。最重要的是，我可以不帶罪惡感地做這些事，不覺得我是在向內在的「惡棍」投降，我可以在覺得自己應該做些「有用的」事情的時候，以人性溫暖陪伴且善待自己。

這個夢的本質在於能量的移位：將能量從其他部位移到「心」的高度、生命中的情感層次。我不需要將生命花在試圖思考、合乎

邏輯及理性行動。

　　這個夢告訴我這一點，從考量整體生活的觀點，以及直到做夢這一刻，我的人生緩慢進展的演變，這個演變開始於兒時的「伊甸園」，當時我以為只有一種人生觀，亦即我的中產階級白人波特蘭家庭與社區的人生觀，這成為主導的態度系統，在接下來數年人生中駕馭我的生活，也定義了我的社交人格及我的自我概念。

　　這個演變的「問題」面，也就是為了促進成長而必須出現的生命衝突，是透過與日式家庭同在的童年而得到象徵表達，日式家庭是內傾情感文化的例子，與我自身所屬的文化形成鮮明對比，同時在我的靈魂私密處發展出不自覺的共鳴。在無情的文化當中成為一個有情人的這個慾望，變成了我的無意識裡的「惡棍」，在空地中遭到放逐，潛藏著。

　　夢境的解決，也就是衝突的解決或是心靈分裂的療癒，所採取就是這個**能量移位**的方式，透過將我的錢財放在心的高度而得到象徵表述，意味著我可以，也必須重新將我的生命定義於情感價值，以及作為一個情感型的人。而當內在惡棍發現我是自願位移能量，就不再需要打鬥了。

結語

　　在我針對四個惡棍之夢工作之後，我對於第四步驟的儀式該做些什麼感到茫然，我已經花了很長時間全面了解這個夢境的應用，當時仍然不知道我會因此而全盤改變我的生命焦點，把與他人的情感交換視作最優先的生命事項。但是，我知道我必須要做點什麼，

因此我找了一塊空地，下車之後我繞著空地走了好幾圈。這麼做的幫助是，它讓我具體與夢境連結，接下來我有好一陣子把這個夢工作擺在一邊。

巧合的是，幾個月之後我前往奧勒岡的波特蘭市，我記起這個夢，決定施行一個強大的儀式與夢境重新連接，假若我回到那個老社區，我要實際到夢境出現的地點走走。因此，我回到夢境的場景，回到我的兒時，以及與情感面的命運交會。

我發現威廉斯大道變了，我從老家開始出發，走過夢中出現的那條路，經過日本蔬果店，那棟房子還在那兒，不過現在已經變成啤酒館。我繼續往前走，驚訝地發現空地依然在那兒，在這麼多年之後，空地上長滿了樹叢及灌木林。不太理智的，我不由自主感到害怕。此時我不在外在世界，我身處夢境中。

當我緩慢走過空地時，突然間一個年輕男子從樹叢走出同時走向我。我心想，時候到了：我要被搶了，就跟夢境一模一樣。他是個街頭混混，就跟夢裡的惡棍一樣。他匆匆瞥了我一眼，似乎感到我**想要**什麼，在找什麼。當然，他不可能知道我在找尋的是我對夢境的深刻了解，他不知道我正在我的夢中行進。

因此，他開始問我：你想要大麻？不，那麼，想要古柯鹼？不，女人？不，那海洛因？不。當他問完了清單上的一切可能選項之後，最後他問：「好吧，那你**想要什麼**？」

我腦中閃過的念頭是，我可以告訴他我想要與夢境的惡棍說話，我想要走過日本蔬果店與空地，直到我與多年前遺留的那部分自己連結。我可以告訴他我是在夢中行走，而他走進了我的夢加入了我，或許他會懂的。但是我沒有告訴他，在那一刻我的夢境世界

與有形世界的互動，對我來說過於強烈了。我持續往前走、上車，
「逃離現場」。

在那一刻，當我讓自己走過這個儀式，盡我所能地在不同層
次與夢境接觸，它已經變成我生命中鮮明的部分，我不斷在心中返
回這個經驗。帶著這個象徵，以及對我而言是緩慢卻愈形清晰的意
涵，我逐漸改變自己的人生去符合這個夢境在我心中種下那個新的
自我概念。

新的概念是什麼呢？這個夢迫使我明白，對我而言，生命中最
重要的是友誼以及與他人之間的情感交流。我不需要結識很多人，
但是我需要可以深度溝通的好朋友，可以是觀念的交換，也可以是
單純在一起的愉悅。

為了回應我的夢境，我下定決心前往印度，拜訪古老的文化，
在那兒人們仍然透過古老的宗族及部落相互聯繫，在那兒，溫暖、
情感，以及人與人的互動是遠甚於邏輯、秩序及生產，而更受到重
視。連續幾次拜訪印度及東方都給了我新的參照點，那是不同於我
成長背景的心理狀態。我具體感受到當我與那些把愛、情感，以及
人與人的互動視為最高價值的人們在一起生活時是什麼樣子；我感
覺就像回到家。

回到美國之後，夢境的效應仍然持續。我開始將自己從標準的
美國生活方式中抽離，那種專注目標、過度工作的行程、無間斷的
壓力及期限、賺錢，以及給他人好印象等生活方式，那是個緩慢的
歷程。但是如今，在多年之後，我可以說我的生活大大不同於我當
年夢到四個惡棍時的模樣。我有時間休息、拜訪朋友、在院子裡種
下植物、聽音樂，以及積極想像。這一連串實際改變成為可能，是

　　　　　　　與內在對話：夢境‧積極想像‧自我轉化

因為有了這個夢，新的態度開始在我內在轉變，而對於我真正是誰的想法也因為我對夢的象徵的回應而有所進展。

我希望從這些步驟，以及我們探索過的例子中，你會發現開始自己的夢境工作、發現夢境中等待著你的智慧是比較容易上手的。請記得，無意識會不斷地表述自己，也會自主產生所有讓你在了解夢境過程中需要的聯想及參照點。基本上，你需要的是自己的工作：願意開始依循這些步驟。

在閱讀本書的內容之外，你可能想閱讀更多關於夢境本質、特定象徵或是榮格思想的相關內容。在參考書目中，你會發現好些書都有所幫助，但是基本上，你會發現介於自己及了解夢境當中的就是寫下第一個夢境的意象，接著寫下躍上心頭的第一個聯想。

從第一個行動，也就是那個結合手與心的關鍵時刻，就開啟了如同魔法一般令人驚喜的內在神祕，那正是你的無意識準備好要完成的。

III

積極想像

定義及進入積極想像

在接下來的內容中，我們會探討積極想像的藝術，以及學習與之工作的四個步驟。在開始之前，大家必須採取基本措施：**在開始積極想像之前，請確認有個能讓你尋求協助或是電話聯絡得到的人，確保當想像襲來你無力招架或無法中斷時，有人能提供立即協助。**

對大多數的人而言，這不會是個問題。事實上，對大多數的人而言，最困難的是如何讓積極想像開啟。但是，有少數人比較容易受到一系列意象的全盤影響，一旦當他們開始積極想像中特別強大的片段意象時，無法從中抽離，心思在幻想的領域中迷失方向，找不到方法回到慣常世界的此時此刻。因此，我會建議讀者，只有分析師在身旁，或是身旁有人熟悉這項藝術，以便在需要的時刻透過談話將你帶回現實時，你再開始嘗試積極想像。

偶爾有人選擇在早上進行積極想像，接著工作或是開始一天的行程，然後發現想像再度出現，接管意識心智，試圖繼續先前遺留下來未完成的故事或是對話。當這樣的狀況發生時，個人心思難以專注在手邊的工作上。在這樣的情況下，最好的方法就是打電話連絡你的治療師或是朋友，幫助你從非自主的積極想像再現意象中抽離。

在極少數的情況下，人們很容易迷失在幻想的領域，找不到回來的方法，這類人最好不要進入積極想像，而是另覓不是那麼熱血的方式來與內在世界連結。

當你心中存有疑慮，我建議你在開始之前，先向榮格分析師尋求諮詢。

以上所言並非阻攔你進行內在工作，而是要說明無意識的強大

力量。假使我們要接近無意識，尊敬、小心謹慎是必備的。當我們抱持這個態度，一方面可以獲益於內在工作，一方面可以保護我們不受無意識不時出現的壓迫力量所影響。

區分積極想像與被動幻想

積極想像是榮格於本世紀早期所發展的技術，是對於想像力的特殊運用方式。雖然許多人使用過積極想像，其巨大價值也得到充分證明，但是在榮格圈之外卻鮮為人知。對於那些聽說過積極想像的人，許多人覺得自己對這項技術沒有充足的理解因而無法實際操作。

針對這一點，我們會探討積極想像的基本概念，檢視一些範例，同時學習在進行積極想像時能夠遵循的步驟方法。

積極想像本質上是個對話，你進入無意識，和當中不同部分的自己對話。某方面而言，它類似做夢，但與做夢不同的是你在這個經驗中是全然清醒，同時帶著意識。事實上，這也賦予了這項技術獨具的特質，你在清醒時刻進入想像，而不是進入夢境。你允許意象從無意識浮現，允許它們在想像的層次展現在你的面前，就像你睡著的時候，它們會在夢中浮現你眼前。

你在想像當中開始與意象對話、互動。它們會回應你，你驚訝地發現它們所表達的是與意識心智根本相異的觀點。它們會告訴你在意識情境下全然不知道的事物，也會表達出你在意識下從未有過的想法。

大多數的人在積極想像過程中會有相當多的對話，從中與內在

人物交換觀點，試圖在對立觀點中找到中間立場，甚至會徵詢無意識那些智慧人物的建議。但是，並不是所有的對話都是以口語或是言語表述的。

我們當今所知最早記錄下來的積極想像經驗就是榮格親身經驗的靈境意像，當時並沒有半點言語表述，但是榮格的意識心智與從無意識顯現出來的意象之間卻有深刻交流。這是榮格得以進入幻想或是靈境的經驗證明之一，他帶著意識參與其中，使之成為意識與無意識能量系統之間的主動交流。

當時我坐在書桌前，反覆思考自己的恐懼，然後我讓自己從椅子上滑落下來。突然之間，地面在我腳下彷彿真的裂開似的，我掉進了黑暗深淵。我不禁感到恐慌，一下子，我的腳踩到一堆軟綿綿、黏膩膩的東西，原來洞不太深。雖然身處一片黑暗之中，我卻大大鬆了一口氣。過了一會，我的眼睛慢慢習慣了很像遮幕的黑暗。我看到，我面前是個黑壓壓的洞口，一個侏儒站在那裡，皮膚一如皮革，就像木乃伊乾屍。我從他身邊擠過去，從狹窄的洞口走進洞裡，然後涉過未及膝高的冰水，來到一塊岩石上突出的另一個洞口，在這裡，我看到一塊閃閃發亮的紅色水晶石。我用兩手把這塊石頭搬起來，發現石頭下面有個空穴。起初，我什麼也分不清，過了一會兒才看到裡面有流水。一具屍體流過去，是具年輕人的死屍，金髮的頭上有個傷口。跟著屍體後面是一隻碩大無朋的黑色聖甲蟲，然後是一輪從水深處升起來的紅色朝陽……

——《榮格自傳：回憶、夢、省思》繁體中文版，頁 238[1]。

透過積極想像，想像中出現的意象實際上是**象徵**，並代表著我們深層內在部分的這件事更能清楚地顯現。就如同夢境的意象一般，它們象徵著無意識的內含物。因為這些內部的存有有「自己的心思」，會說出、做出對我們而言是新穎的事物，讓人感到驚訝，也具有啟發性，不過有時候對我們的自我而言可能是冒犯。

　　雖然榮格高度重視夢境，他認為積極想像可說是前往無意識更有效的途徑。當中的差別是：當你做夢時，你接收到無意識的訊息，但是意識心智並未參與其中。當你清醒的時候，意識心智能想起夢境內容，思考當中的意義，但是在做夢當下，意識心智是無法主動參與的。相反的，在積極想像中，意識心智是清醒的，是帶著意識參與事件。

　　在夢境情境，事件的發生是全然處於無意識層次。而在積極想像中，事件則是發生在**想像**層次，既非意識也不是無意識，而是個交會點，是雙邊在平等的狀況下相互交會的共同點，共同創造結合雙邊元素的生命經驗。在想像域，這兩層意識流匯入彼此，就像兩條河流交會形成強勁的水流。兩者相互補足，開始共同工作，因此自然形成合一的整體。意識心智與無意識的對話帶出了超越功能，也就是自性，則是兩者的合成物。

　　我們發現有個有趣現象，當個體開始積極想像時，夢境就會大幅度減少。假若你把這項藝術認真看作是冥想的一種方式，事實上你是把無意識的素材在浮現為夢境意象前就加以同化了。原本需要在夢境呈現出來的問題，透過積極想像而得到正視與發展。

　　因為夢境與積極想像之間的關聯，榮格曾經將積極想像作為處方開給那些有過多夢境的人，他們無力招架每晚過多的夢境，也無

法藉由夢境工作來跟上夢境的腳步。當你開始經常積極想像，你會發現夢境大量減少，你變得更能聚焦、集中、較少重複。當你在積極想像中處理問題，你的夢境就愈不需要重複出現。

積極想像的本質在於想像經驗中**意識參與**。這樣的想像是**積極**的，因為實際上自我進入了內在世界，在當中行走及說話、面質及爭論、與在那兒發現的人做朋友或是對抗。你是帶著意識參與想像中的這齣戲碼，你與其他的演員對話、交換觀點、一起經歷冒險，最後從彼此身上學習。

這個特質讓積極想像不同於一般的、**被動的**幻想。被動幻想是做白日夢：就是坐在那裡，看著幻想從思緒背後流過，彷彿看電影一般。在被動幻想中，你並未帶著意識參與，你並未反思正在發生什麼事，也沒有針對正在發生的事採取獨立、合乎道德的立場。

被動幻想也代表從無意識而來的意象，但是因為我們未能帶著意識進入其中，它幾乎就是浪費時間及精力，在幻想當中浮現的事件及問題並沒有得到解決。大部分的幻想就只是在我們的思緒邊緣不斷重複，直到耗盡能量或是我們精疲力竭，沒有任何發展可言，因為自我從來都沒有正視幻想的情境，或是以有意識的獨立力量進入其中。

針對這一點的一個好例子就是**擔憂**的現象。擔憂是被動幻想的一種形式，多數的我們都會日復一日經驗到擔心的議題。當幻想流過心頭，我們身在其中成功了，一切進展順利。接著反向幻想出現，也就是擔憂的幻想，我們受挫、感到難堪。假若我們只是被動坐著，讓擔憂幻想佔據心頭，就不會獲得任何解決，但是在積極想像中，我們可能進入擔憂，積極面對，並與之對話，從中發現到底

是誰、是什麼在我們內在起衝突，還能進一步做些什麼。

當我們檢視積極想像的例子時，你會注意到故事總是與第一人稱有關：「我」總是出現在例子裡。「我」前去某個地方、「我」看見這個意象、「我」和它互動。這個「我」必須在那兒與其他角色交流，否則自我就不會是參與其中的。

它不是積極的，除非你是帶著情感及情緒參與這齣戲碼。「我」有個情感的反應：我對於所發生的感到開心、有趣、傷心或是生氣。那個「我」必須盡可能地深入想像的行動，如同深入一個外在的有形的經驗。雖然它是象徵的經驗，依然是帶著真實情感的真實經驗。

藉由你的積極參與，你有可能將無意識的被動幻想轉變成高度意識且強大的想像行動。當積極想像是在正確操作之下，就能夠將那些分散各處或是相互衝突的各部分聚攏在一起，強力把你從內在的聲音中喚醒，帶來交戰自我及無意識之間的和平與合作。

這項藝術的主要目的在於，為自我及我們通常被分離的無意識部分提供溝通。當你進行積極想像時，事物會在心靈中**改變**，自我及無意識的關係也會改變。如果在自我態度及無意識價值兩者之間有著精神官能症的失衡，這個間際是可以縮小的，互補的對立面也可能聚攏在一起。它讓個人得以出發前往整合之道，朝向個人更大整體性的覺察，而這僅僅是因為一個人學會了與內在我交流。

積極想像的實例：和內在藝術家說話

為了讓我們的討論一開始時更加具體，我先提供一個由一位女

性所記錄的積極想像範例，這是在接下來章節中出現的系列範例中的第一個。這些範例應該可以提供你更清晰的想法來了解一般人在實際操作時，也就是當他們坐下來經驗積極想像時到底做了什麼：他們如何進入、如何記錄寫下，以及積極想像在你的內在工作中可以提供哪些不同的目的。

　　從這些範例中，清楚的一點是：你不應該試圖「妝點」你的想像，讓想像聽起來是適切的、符合語句文法的，或是「修飾過的」。目標是經驗並紀錄任何從無意識流出的事物，忠實顯示原汁原味及自然形式，你並不是為了滿足他人的眼光而創意寫作。這是介於你及無意識之間、介於你與神之間的私事，因此，當它從你的無意識自然浮現時，讓它就是粗糙的、未經修飾的、不一致的、尷尬的、美麗的，或是如其所是的未經加工再製；這樣的結果會更誠實，也更真實。

　　以下這個積極想像的範例來自一位女子。有個晚上她發現自己躺在床上，無法入睡，因為滿腦子都是關於重新粉刷房子。她工作到筋疲力竭：選油漆顏色、買油漆、粉刷等。但是，她發現自己無法入睡，因為大半夜的，腦子都是可能的顏色組合、搭配顏色的各種方法、布料選項，以及如何配置家具等等念頭，停不下的幻想。

　　因為她之前曾經試過積極想像，她想到進入想像當中，找到意象來代表這份揮之不去的念頭。她想要找出內在那糾纏不清的部分，試著與那個部分的自己對話。

　　這是使用積極想像的範例：**將無意識當中不為眼所見的內含物加以擬人化**，以意象的形式搬上檯面，如此一來，你就可以與之對話，同時處理它。

通常無意識當中會有些模糊且看不見的事物對我們造成困擾，我們可以明顯感受到衝突就在表面之下，但是看不見到底發生了什麼。我們無法把它與任何特定的或是具體的事物聯想在一起，我們感受到它的效果，但是除此之外，它是如此模糊、無形，以至於我們無法「掌握」。有時候，它是莫名的浮動的憤怒，我們無法說明為什麼生氣或是對什麼生氣，只是如此感受，心情、擔憂、憂慮、膨脹感，以及無法擺脫的念頭都落在這個類別之下。

當這一切發生時，你可以在想像中進入無意識，要求那不可見的內容物以擬人化的方式表現。你可以開始積極想像，透過去問：「這個揮之不去的念頭在哪兒？是誰感到心神不寧？這個感受來自何處？是我內在的哪個部分有這樣的感受？它的意象是什麼？他或她看起來像什麼？」

假若你這麼做，最終會有個意象浮上心頭。這個意象可能會將那個揮之不去的念頭以擬人化方式呈現，或者它可能代表生成這個效果的內在部分，心神不寧的、憂鬱的、情緒化的或是生氣的部分。

以下內容是這個女子在半夜時腦海所流淌的個人經驗。事後她寫下說明筆記，這部分的內容以括號標註；除此之外，就是她當天晚上在筆記本內針對腦中浮現的想像所記錄下來的內容：

（當我們重新粉刷屋子內部時，對於顏色及設計、質感與均衡等念頭讓我們興奮不已。然而，當開始粉刷後，這份「興致」完全占據我的心思。我完全無法入睡，因為腦中那些針對用色風格及設計排列等無止盡的幻想而清醒著，起初那個讓人大感興趣的計畫就

這樣變成了無法擺脫的意念。

（整個歷程宛如有了自己的生命力；它打亂了我所有的資源，全然在我的意識控制之外運作。雖然巨大的能量釋放出來，但是我也耗盡心力了。我對丈夫失去耐性又煩躁不已，而他也無法理解我所承受的巨大熱情。

（約束自己，或是將這份內在巨大能量標籤為「負面的阿尼姆斯」或是一份依戀是不夠的。雖然我將這份揮之不去的念頭感知為「負面的」力量，我覺得它並非如此負面，而是不成比例，當中有份新興的活力源頭是沒有被碰觸到的。若是採取行為手段來控制它，只會把這個新資源壓抑回到陰影，反而會失去接近它的機會，因此我問道：「那個突然掌控我的到底是什麼？」就在午夜時分，我與內在那個「能量」對話，好發現它是誰、它想要什麼。）

我的積極想像

（我在筆記本上記錄，E代表「自我」，是正在說話的意識心智。JA代表稍後出現的日本藝術家，起初，我無法看見正在說話的人物。）

E 　　　　現在到底是怎麼一回事？我被無意識的力量控制了。眼前的色彩轟炸讓我無法入睡。你在做什麼？你要什麼？你是誰？

（聲音）　（在我的想像中，那聽起來像個女性的聲音。）這些顏色都好漂亮，看看這交會處、看看它們如何喚起了大自然各個面向。最特別的是，這些顏色與書架的木頭色調

　　　　　　　　　　　　　與內在對話：夢境‧積極想像‧自我轉化

真搭。

E　　　不好意思，沒錯，的確很漂亮，但是我真的很累了，生活還有其他事需要擔心，我還有其他事情需要和這件工作取得平衡。你卻接管了一切。

（在這一刻，我開始明白這個內在的女性聲音並非對顏色感到困擾，而是感到興奮。）

（聲音）　我很清楚這裡可以創造出什麼，我試著找到適合的工具，我們需要適合的布料、油漆及設計讓這一切發生，讓它成真。

E　　　很好，但是你一定要整個晚上做這件事嗎？

JA　　　喔，是的。我懂你的意思了。

（對我而言，這個人物愈來愈清晰了，一個日本人，起初看起來像個男的，但是現在我明白它既不是男也不是女的，而是雌雄同體。我覺得它是個藝術家，身上披著禪宗佛教的橘黃色僧袍。這個人物保持靜默，彷彿受了傷。突然間，我可以「順著」它的人格特質，我「明白」它是感性的，那是一份對有形自然的細緻欣賞眼光，我覺得自己並不想失去這樣的生命力。我感覺那份惱怒及挫折感正在散去，我開始對於這個存在充滿興致。）

E　　　請不要躲開，我並沒有生氣。我們可以達成協議，讓彼此都能成長。你為什麼如此緊緊相逼？

JA　　　我很害怕。

E　　　害怕什麼？

JA	我害怕我會被再次關起來。

E　被關起來？

JA　我幾乎沒有任何表現的機會。感覺就好像當門為我開啟時，我必須迅速且用力工作，因為過不了多久就會結束了，而我又會被關起來。

E　我開始了解你的意思了。在我的生活中，我幾乎沒有給你任何出口，以至於我幾乎不知道你的存在。我所處的文化並沒有給你任何空間，而我也沒有把自己從所處的文化中區分開來，沒有給你表現的機會。

JA　沒錯，我覺得我一直都在挨餓，這可能是我唯一的機會了。

E　不盡然如此。假使我能提供你其他的管道，讓你有其他的方法表現自己，你會不會覺得比較不那麼糟糕？你是否可以減低你想表現的強度？

JA　可以的……

（經過一段很長的暫停，接著，這個存在很溫柔地說）

你是否……你清楚這意味著什麼嗎？

E　（我感到擔憂，我馬上要針對某些我可能會食言的事情做出承諾。）

我想我明白，要在這個有形的感知世界中允許純粹的創意努力，我清楚並不容易。我總是讓實用性對我造成阻礙，我總是感受到我的工作壓力、我的責任。

JA　我曾經嘗試透過你來表現，但是大多數的時候，那些所謂的「實用的」事物總是勝出。創造所帶來的純粹喜

悅、活在生命的有形那一面，就是整體性，當中沒有對
於結果的期待或是所謂的實用效益。

E　　　你說的對。考量我目前的情況及我所秉持的態度，我知
道你必須讓我感到不舒服才能得到我的注意。我明白我
需要自外於環境以及我內在所秉持的產能價值觀。我必
須處理負面阿尼姆斯所持守的產出心態，因為這些心態
而帶出那些想法，也佔據了一切事物的空間。負面阿尼
姆斯利用我對失敗的害怕及我的表現焦慮，因此我必
須正視我內在想要有所產出的**欲望**、想要在工作上有成
就，這一切都失去了控制。我必須理清與藝術相連，以
及與有形世界的藝術表現相連的價值，我必須給你一個
空間。更直接的說法，我必須為你提供一些直接的方
法。你有什麼建議？

JA　　　像是陶藝、水彩之類的，種花、插花等，或是你可以做
一些比較不那麼嚴肅的事情。我只是想要我們一起和造
型、色彩、有形世界等面向一塊工作、玩耍。

E　　　好的，不過我也需要你的幫忙。我需要你對於感官世界
價值的覺察力，讓我更有力氣對抗那些左右著我的偏
見。

JA　　　你只需要讓自己安靜下來，同時呼喚我，我就會回應
你。我會回到你身邊。

　　還有一個針對這節積極想像的有趣註解，是這個女子從經驗中
所得到的情感反應及意義：

這段積極想像所表述的言詞讓我心生抗拒。關於「創意」與「投入」陶藝和「投入」水彩這類老生常談都顯得過時，但是我也了解無論最後表現出來的言詞為何，無論我是否覺得自己是在趕流行或是傻氣，我的生理面及感官面都必須得到滋養。我必須依據那部分的我的主張來處理，同時在合理範圍之內實踐它需要我實踐的。

日本藝術家的這個角色，讓我得以面對所屬文化中對於美學覺察的不鼓勵態度。我所屬的文化只對產能及實證感到興趣，相較於行動力，存在是沒有任何價值的。沒有實用產能的美學是沒有價值的。透過與這個新認識的盟友的對話，我得以檢驗打自出生以來便長期吸納的文化偏見，它幫助我理清那些不同於集體性的個人本質。換句話說，這是我的個體化歷程的一部分。

在這個積極想像之後，這個女子看見新世界對她開展。她時常與內在的日本藝術家對話，她開始上陶藝課，每週投入一定的時間整理花園或是在陶藝工作室活動，也參加那些賦予美感，以及與大地連結等陰性價值相關的身體或藝術活動

如你在對話紀錄中所見，長久以來她都緊緊綑綁在心智工作上，像是思考、分析及產能等工作，以至於生活中沒有任何空間賦予生理面、有形美感等活動領域，還有透過身體與大地、植物、色彩及質地等的連結，這些都是能讓她內在那個禪宗僧人感到陶醉不已的。

因此，她從這個經驗得到深刻的滿足感，認知到自己正滋養先前那處於挨餓狀態的內在部分，而她對於自己到底是誰的認知也因

此擴展開來，她生命中所擁有的比她原先所想的來得豐富。

　　你內在的任何一個特質都能夠以這樣的方式擬人化，同意被覆上一層相貌來讓彼此互動。如果你感受自我膨脹，可以進入想像詢問那個膨脹，透過意象來擬人化。如果你隱約感受到不能擺脫的心情，可以如法炮製。意象讓我們有個起始點，接著進入與之對話，與之交流，邁向了解。

　　在這個實例中，我們可以看見好的積極想像必備的基本元素。請注意，整個經驗是從某種被動幻想開始的。當這個女子躺在床上時，無限可能的色彩及意象在她眼前飄過。在那一刻，她不過是個觀眾罷了，幻想佔據了她。

　　她把這個幻想轉換為積極想像，正是這一點，她讓自己站在幻想之外，作為一個帶著意識的自我心智，作為自有的獨立力量，她開始採取積極的角色。她開始問一些問題，期待答案出現。她找尋這一切幻想背後的存在，是誰製造了這份幻想流。因此，意象得以匯聚成型，對話得以展開。

　　另一個指明這是個真正的積極想像的關鍵在於，她帶著**情感**參與這一切經驗。雖然她對於當時的情況感到心煩意亂，但是當她發現自己內在有很大的部分是被忽略且壓抑的，她很關心，同時深受觸動。她看重那部分的自己，欣賞那部分的自己，她對那部分的自己是有感情的。這不僅僅表現在她的言詞上，也表現在她事後願意**做些什麼**來表達對那部分自己的敬意。

　　另一個關鍵則是她願意傾聽來自無意識的那個人。她並不試圖主導或是推翻內在的聲音，她願意讓它有發言權，並從它身上學習。

我們在接下來的章節還會討論關於積極想像的許多概念，不過從這個實例中，你應該能夠明白進行真誠積極想像時所需要的基本原則。如果你在心中牢牢記住這些原則，你已經踏上了解及使用這門精深藝術之路。

當你認為自己是在虛構故事時

有位個案來找我做分析。他是個聰明人，但是我可以感覺到他不太老實。從他第一次走進來會談時就可以感覺到這一點，他的眼神中帶著特殊的意涵。

在前幾次的會談中，什麼都沒發生。他半個夢都記不得，也沒有什麼重要的討論，我納悶他到底為什麼會對分析感興趣，因此教了他如何使用積極想像，心想這會是打開他的無意識的方法，也能發現他到底怎麼了。

起初，什麼也沒發生，也沒有積極想像。我說明了四個步驟，還說：「在你的想像中做些事，什麼都好！記在筆記裡，我們可以從那裡開始。」

隔週回來，他眼裡再度閃著光芒，我知道他心中有些算計。他丟出好幾頁的積極想像，都是令人毛骨悚然的內容，根本就是一齣煽情劇，就像是把〈寶琳的險境〉（*The Perils of Pauline*）與兩季的〈冷暖人間〉（*Peyton Place*）集結在一起的成品。

在那之後，週復一週，他前來，帶著積極想像的書寫，劇情更加緊張、更加絕望，集合黑暗與光明、惡棍與受害者、受迫害的女英雄、令人反感的陰謀以及背叛者等激烈戰鬥的內容，令人生憐

的女孩抱著嬰孩過河，從一塊浮冰跳過另一塊浮冰，惡棍則緊追在後。

這些內容週而復始地上演，而我話說的很少。我心生狐疑，但是等著看這一切內在劇碼會走到哪，有什麼是我可以抓取的內容。

有一天，他走進門後，戲劇性地丟下最後一批積極想像的書寫。我讀到令人心生恐怖卻又拍案叫絕的內容，與經過這麼長的一段日子所發展出的故事結局。當我讀完之後，他說：「欸，你這個冷血白癡！我一直都在騙你。我編造這一切就是要讓你出醜，這裡面沒有半點真實。」

我什麼都沒說，心想：「喔，這不是第一次有人把我當傻子。」接下來我就坐著，等待。我直視著他，而我永遠也忘不了他臉上浮現的改變。原先的揚揚得意慢慢變成恐懼的表情，他的眼中泛著淚水，並說：「去你的！該死的！去你的！我上當了。這都是真的，可是我完全不知道。」接著，他就崩潰了。

你可以看見，即便他試圖玩弄把戲，用「假的」故事來愚弄我或是取笑這整個過程，那個「假的」故事也一定是發自內心的，正如同他心裡的「直覺」一樣。當他認為自己是在編造故事時，實際上正洩漏自己內心的祕密。

故事中的可怕惡棍與他所散發出來如同狡點騙子般的眼神是沒有分別的，它們從深處控制著他，與那個相信分析的重點在於讓分析師出醜的騙子如出一轍。被迫害的女英雄則是他內在的陰性面：他的內在生命及情感生命都交付在浮冰上。所有的陰謀、無辜的受害者、悲劇及冒險等，都非自主地反映出他靈魂中可怕的衝突。

他必須努力做假，但是，出乎意料之外地在過程中反而進行了

積極想像，也經驗了源自無意識的象徵。最後，他的積極想像將他帶往與內在我正面直視，從此他再也不一樣了。

每當我要個案開始積極想像，都會收到一連串的問題：「我怎麼知道我不是在編造故事？」「我要如何和想像中虛構的人物說話？」從我個人的經驗所得，想在想像中製造任何不屬於無意識的真誠表現內容，幾乎是不可能的。想像的功能就在於從無意識中提取素材，幫它穿上意象，傳送到意識心智。任何在想像中出現的內容，在透過想像而得到意象型態之前，一定早就存在於無意識結構中的某個地方意象。

即便某人帶著輕浮的態度刻意捏造、製造傻氣及愚蠢的事物，或是想像純粹的小說情節，在想像中浮現的素材仍然代表著那個人隱藏的部分，那是無法無中生有的，必然是源自於此人的內在某處。

真正的問題不在於意象本身是否為真，而是**我該拿它們怎麼辦**？我們很容易就會誤解、誤用它們。但是，多數的人並沒有真正碰觸到這個問題，也就是該如何面對、處理源自無意識的啟示，因為他們都受困在質疑內容的真實性。

有一次，在一場演講之後，有個男人問我：「但是，我怎麼知道我不是在和我的超我說話？」有時候，你**的確是在**和你的超我說話，或是和可以稱作超我的心靈部分說話。它引用法律，要你遵從父母教導的是非對錯，順服文化的傳統觀念。身為發展中的自我意識，或許你正在回它話，說你必須質疑那些想法，同時為自己思考。重點是，你是與**你自己**的部分說話，而那正是這一切的目的所在。

另一個個案問：「但是我感覺彷彿只是在和自己說話。」我的回答是：「很好，你是在和各式各樣的**自己**說話，那就是重點所在。」

　　假若你覺得你是在和自己說話，非常好！假如你覺得你是在「編故事」，就像是那個狡點個案所做的，也很好。無論你編撰什麼，那都是出自無意識，是你內部人格之一在說話。最終你需要的是寫下你需要說出的一切，寫下內部人格需要說出的一切，寫下你們一起做了什麼。當你開始能如其所是地看待想像，你會明白它就像擦亮的鏡子一般，如實反映著你的無意識的內在世界。

1　編註：本段引自 Jung, *MDR*, p.179。

猶如神祕旅程的積極想像

接下來要呈現的積極想像實例，與我們到目前為止所看見的內容十分不同。通常，當人們開始一系列的積極想像時，出現的內容很少與個人生活當下的議題有關。如同這個實例，他們的經驗似乎更像神祕冒險，一段進入原型國度的旅程，它將主角帶入亞瑟王王宮或是進入古希臘森林地，諸神行走其間一覽無遺。

　　除非我們能明白這樣的神祕冒險本身就是個象徵性經驗，上演著許多無意識的偉大主題，否則我們可能會做出錯誤的決定，認為這不過就是個娛樂，不過是某些作者為了樂趣而虛構的故事。正如你接下來會看見的，下面的例子聽起來彷彿是偉大神話的開始，是一段進入邪惡勢力範圍的旅程，是一場幫助無辜皇后的英雄追尋，是一份療癒病者及傷者的任務。

　　但是，從最深層的意義來看，這個故事並不是虛構的，對於在想像中經歷這一切的人而言，每個細節都是絕對真實。的確，虛構的偉大著作有時候是從積極想像開始的，但是在那一刻，當故事從作者的心智浮現時，它不是虛構的，而是源自無意識深處動力的真實表徵，透過想像象徵性傳達出來。

　　假若你發現自己遇見內在嚮導，正跟隨著前往神祕冒險，此時最能幫助你的就是，了解這是讓你活出內在部分的正當、也是最好的方式，這些正好是無法在具體的日常生活中活出來的。這樣的神祕旅程也可以是一場成年啟引禮：當我們長大，當我們從一個階段的成熟邁向下一階段時，總會需要面對偉大的原型主題，有些衝突勢必要在那幾乎未曾覺察的深刻層次得到解決。

　　每個人的內在都藏著這一切的偉大原型主題，都有著英雄追尋之旅的種子，我們必須在某一刻在某個層次活出它。每個人都會

經歷這樣的旅程，以及為心靈而做的努力、，經歷與愛神艾洛斯（Eros）以及阿芙蘿黛蒂（Aphrodite）的會面，這是深藏在我們內在架構的某處。個體不能躲開這些原型主題，必須將之表現且經驗之。

要活出這些經驗，積極想像是最佳也是最正當的層次。有些人能夠走入亞馬遜叢林，參與革命、成為戰地記者，或是以某種外在層次的方式活出英雄般的追尋。然而，大多數的我們都有人際關係、承諾、家人，以及一切日常實際生活的限制，這些限制讓我們無法將內在的偉大原始能量系統導向外在，我們該怎麼做？

下面這個範例的男子，一個擁有自己辦公室的忙碌專業人士，有家人及其他依賴他的人，因此他不能也不該把這一切丟棄，帶著滿滿的能量前往封地去守護無辜的皇后。但是，他的靈魂內在有著文藝復興時期的男性生命力，是一位英雄、一位療癒者。他背負著原型之戰，介於光明與黑暗、介於陽性驅力及陰性靈魂、介於外在實際性及內在神祕視界。這些偉大的主題活在他的無意識，相較於那些個人生活的侷限，這些主題更加恢弘，展現在他想像迸發的神話冒險規模中。

以下這個例子呈現出這位男士針對這個主題所做的系列積極想像之一。每天，或是只要有空時，他就會回到積極想像，從上一次暫停的部分接續從內在運轉而出的傳奇內容，積極想像通常就是這樣，你展開一趟冒險，或是開始一段與內在人物的深刻對話，你發現自己不斷回到相同的地點接續先前離開的地方，這個系列會持續數天、數週，或甚至數月之久。

在我們開始之前，有幾件事要注意。首先，請注意觀察這

個男子**開始**積極想像的方式。他前往一座橋，座落在類似文藝復興時期歐洲某地，在那裡他發現「帶著羽毛帽的男子，一位既是老師也是嚮導的文藝復興男子」。藉由在想像中前往某個固定地點，與這樣的嚮導會面（我們通常會把這樣的人物稱作是**靈魂嚮導**〔psychopomps〕，因為他們在心靈中指引我們），你每一次都能直接又迅速地開始積極想像。

其次，請注意這個男子採取了特殊儀式讓自己來回於如夢／想像的內在世界，以及人類生活的外在世界。當他準備好進入積極想像的世界，他會在想像中穿上藍色的僧人斗篷，對他而言，這象徵著進入內在世界及宗教經驗的意圖。當他準備好離開想像回到日常的人類世界時，他會從書桌前起身，穿上妻子買的格絨襯衫。藉由穿上那件襯衫，他再次做出對生活的承諾，對妻子、家人、平凡世俗的每日具體生活承諾。

以下就是他的積極想像時段，誠如他在筆記本上所謄錄下來的：

> （帶著羽毛帽的男子的問候，那個文藝復興的男子，他是老師也是嚮導。他在橋上問候我，手上拿著權杖，我則帶著我的燈籠及背包。）

男子　你好！我為你帶來好消息。今晚的天氣正適合我們的旅程。不過，我們必須立刻動身，因為這個世界的事物會迅速改變，在我們還有能量的時候就立刻開始。

我　　我願意開始這趟旅程，願意堅持到最後。我相信我的行動足夠取悅命運，命運將仁慈待我。

男子	那麼，我們就開始吧，記得：即便是最微小的付出都有價值的……重要的是，我們堅持不懈。我會在這趟旅程中助你一臂之力。讓我們一起踏出第一步，動身吧。記得：世俗的一切在這裡都是不重要的。
我	我活在有形的世界當中，然而，在這裡我只是個訪客，我也有外在的責任需要召喚我離開。我能做的就是回應，接著就必須離開。儀式是我穿上妻子買的格絨襯衫，接著就會離開。我穿上藍色僧袍進入你的世界，這是儀式。我會盡量常來，同時不影響外在人際關係及責任。
男子	同意。這是個好儀式，也不會對我或是對我所服侍的女士造成冒犯，是她派我來這裡接你的。
我	為什麼她要派你來接我？
男子	她需要你的幫忙，需要你的協助。她正面臨問題，亂世當頭，邪惡勢力蠢蠢欲動，她需要你的協助，盡你最大可能幫助她。
我	我會盡最大的能力。
男子	她為此深深感激……因此熱愛著你。我忠心耿耿地跟著她許多年了。
我	你是怎麼認識她的？
男子	透過我曾經服侍過的已故國王。二十五年前當我開始服侍他時，他還是單身。一年之後他與皇后結婚，邀請了臨近的領主到領地上打獵，藉此感謝領主過去提供的協助。當這位領主前來時，他的女兒也一起，比國王小十五歲。國王愛上了她，在他們停留的那兩週期間，他向她求愛。後

來兩人結婚，而在我忠心服侍的這段時間，我和皇后也更加親近。國王的健康狀況在過世前兩年就開始走下坡，想當然，敵人試圖在這一點得利。國王的軍隊及領主都忠心耿耿、實力堅強，不過仍然有些微弱的邪惡勢力在底下運作，皇后覺察到這一點了。

我　　她為什麼要尋求我的幫忙？

男子　　因為夜晚的東方天際出現了一顆新星，四角形的星星，我們以前從來沒有見過這樣的星星。皇后身邊有個可諮詢的智慧老人，他建議我們在地平線上等待星星出現的那一刻，正好就是我們首次會面的這座橋。我們召喚了你，而你也出現在這裡，我們在你的夢境中召喚你。

　　（就在這一刻，我必須暫時中斷我們的長程步行。我穿上格絨襯衫，處理外在世界的事物。）

　　（稍後，我返回，穿上藍色僧袍，再次進入內在世界，找到帶著羽毛帽的男子。）

我　　我回來了。

男子　　讓我們繼續旅程。所以這就是我認識皇后、服侍她的簡短故事，以及關於國王過世後的邪惡勢力。

我　　是哪種類型的邪惡勢力？

男子　　暴虐的邪惡勢力！必須中止的邪惡勢力。有個小村莊遭到劫掠，人們遭謀害、屠殺、男孩遭殺害、婦人遭強暴殺害、小女孩也是相同的下場、嬰孩被棄置死亡，一共有三十個人遭受殘酷方式殺害。而真正的危害在於殺手的穿著與國王的士兵如出一轍，村子裡傳言皇后是巫婆，想要

　　　　　與內在對話：夢境‧積極想像‧自我轉化

控制人民、竊取人民的財產。我知道皇后的為人，她是個好人，這些指控是有違她的本性的。皇后有個女兒，十八歲，溫柔的女子。皇后派了搜索隊搜尋這些惡棍，不過到目前為止，很不幸的都沒能找到。

我　　　就這樣嗎？

男子　　不！還有一個不幸的疾病，兩個孩子因此死掉，人們從沒見過這個狀況，他們的嘴中帶著香甜的氣息，但是卻死去了。在我們前方的村落裡，有個小女孩就在死神門前，似乎是這樣，她的腳腫脹、高燒不退……日漸消瘦。

（我們來到村郊外，有間茅草屋，裡面升著火。男子敲了門後我們進屋，母親心急如焚疲倦不堪，眼中泛著淚水，父親亦然；飽受風霜的堅韌人們，他們最大的財產就是這個小女孩，女孩八歲左右，有著漂亮的金髮及面容，如果她不是如此病重的話。她的臉色看起來相當蒼白，雙眼下方色澤暗沉，呼吸相當費力，發著高燒又打冷顫，已經病了三天了，她的父母不知道病因，她的左腳腫脹。男子介紹我是前來幫忙的療癒者，他們的眼神散發著請求。

（我們將小女孩的衣服脫下，我做了些檢查，發現一切都正常，除了左腳底有個小傷口之外，傷口處有膿。我要他們壓住女孩，母親看見我的刀子時就暈了過去。在我將女孩的腳劃開時，父親及我的嚮導把女孩緊緊按住。傷口流出了整整一大杯的膿血，我在血肉中發現了一支打火石箭頭插在裡面，上面還覆蓋著黑色樹脂。我把這支箭頭收起，仔細地包起來。

我讓這女孩洗個涼快的澡，要家人煮熱開水讓我清潔傷口。我們清洗了傷口，指導他們清洗繃帶、用水煮沸、放在陽光下曬乾、浸泡女孩的腳，同時讓她喝些肉湯。我告訴她們我必須先離開回到我的世界，稍後會再回來，我告訴她們女孩會活下來的。我穿上格絨襯衫，離開這個內在世界。）

這段節錄的內容提供了積極想像如何應用在不同的目的，呈現出不同的風格。在這個例子中，目的不在於從個人層次處理某些直接的問題或衝突，而是在個人生活中騰出空間，讓偉大的原型主題可以活出自己。

這個類型的積極想像把我們與永存的宇宙原型相連結，這是在無意識層次永恆進行的。透過這個方法可以發覺普世的能量系統是如何以個體的形式流經我們內在，如何將自己具體化，並在我們個別人格容器中以獨有且特殊的方式表現自己。它們看似是遙遠、超個人，看似是與我們的個人直接生活沒有任何關係，然而，它們是我們人格特質及生命經驗的基石，是組成我們的元素。

藉由進入積極想像，讓原型主題以象徵的形式呈現，參與如夢的過程，我們因而轉化了情境。原型的力量不再是幕後的表現、不再是眼所不見的集體無意識，而是透過想像上升到意識層次。在我們的自我形式中，我們則是實際進入原型的劇場，實際影響這齣戲劇的結果。從最深層次而言，與原型的象徵互動讓我們置身最佳的位置面對命運。

我們無法輕易指出在這個男子的心靈架構中的什麼地方，無辜

皇后正受到陽性驅力攻擊，也無法指明那個被毒箭刺穿的女孩是位在心靈架構的何處，分析這些事甚至不會有太大的幫助，因為積極想像的重點在於個人經驗。分析，並從象徵中擷取意義在夢境工作裡是相當重要的，但如果你分心了，思考太多這些象徵在心理詞彙中的意涵，在積極想像中反而可能會帶來反效果。積極想像的魔力是來自經驗本身，當一系列的積極想像之後解決，是可以從中擷取意義，試圖了解這些象徵為我們添增了什麼。但是，請不要讓分析心智在經驗的當下對你造成阻礙。

我們每個人都有著同樣的原型皇后與同樣的生病小女孩掙扎著要存活下來，他們陷在持續不斷的大型權力戰鬥，眼所不見也不合時宜，就在個人心靈及集體無意識的邊緣。

只要我們將戰鬥留在那兒，留在宇宙邊緣的暮色國度，我們就沒有參與其中帶出解決。但是透過賦予光明與黑暗、陰性與陽性、皇后與惡棍等，宇宙衝突有個象徵的形式，透過把它帶到表面，我們讓自我意識對這個巨大的能量劇場有所覺知，它得以參與這個宇宙劇場，扮演自己的角色、為自己發聲，真正影響後續長遠的結果。我們可能有意識有意願地進入生活中周遭的原型力量，而不是無助地坐以待斃保持緘默，讓那看不見也不了解的力量所決定。

起初這可能相當深奧或與「真實生活」無關，但你可以確定的是，這個男子以行動參與這篇偉大的原型史詩，他療癒了病童、為無辜皇后提供的協助，這些都會讓他的生命再也不同以往。某件特定的真實事物得到療癒了，深藏內心，回應了這種品質的象徵性行為。

這會深刻改變他未來的人生路徑、他的性格輪廓。假若他能持

續積極想像，他將從不同的核心來行動，他將在構成他的不同力量之中創造一種不同的平衡，並為自己注入能量。他的態度會有所調整，他的選擇會改變，他因此變得不一樣了。

積極想像的四步驟

在接下來的章節中，我會說明積極想像的四步驟，你可以開始進行。這個篇章會綜合討論，也會說明你在搭建積極想像的舞台時需要做的事。舉例來說，你需要知道在哪裡進行、確立個人隱私、決定如何記錄積極想像的過程。

以下是執行的四步驟：

1. 邀請無意識。
2. 對話與經驗。
3. 加入道德價值。
4. 具體的儀式。

瑪麗-路薏絲・馮・法蘭茲博士（Dr. Maria Louise Von Franz）曾指出，積極想像可以自然套入四個基本階段 [1]，不同的人會以些微不同的方式經歷這些階段。我曾經嘗試以上述四個實用步驟來構想出多數人都可以運用的有次序方式，並透過積極想像的四階段找到屬於自己的方式，而且在過程中不會感到停滯或畏懼。

正如同夢境工作，建立執行步驟幫助很大，能夠有一系列依序遵循的步驟，將幫助你超越那些偶爾會出現的障礙、疑惑及猶豫不決等，正是這些阻滯讓你無法開始或是完成。

選擇一個具體的方法記錄你的想像

在我們開始四步驟之前，重要的是先解決你的方法的具體細節。你必須設置一個具體的舞台，決定你要如何記錄積極想像的過

程。

這些細節會比你原先認為的來得重要。許多人在開始嘗試積極想像之前就放棄了，因為他們無法找到便利的方法來記錄奔流而出的想像。

我們先前已經提過記錄內在工作的重要性，這在積極想像過程中更是關鍵。你應該書寫你的內在對話或是打字記錄下來，主要是保護，避免讓這個經驗變成另一個被動的幻想。書寫幫助你聚焦在你正在做的事情，而非出神進入隨機的白日夢狀態，它讓你得以記錄所說所做，如此一來，你就會記得，之後也才得以消化這個經驗。

書寫並非記錄積極想像的唯一方式，稍後我會提到其他選項。但是對多數人而言，書寫是最簡單、最有效的方式。

如何書寫

到目前為止，我所提及的兩個積極想像範例都提供了紀錄想像歷程的典型模式。在第一個範例中，女子使用筆記本親手寫下一切，在頁邊空白處以簡稱來指明是誰在說話：E 代表自我（意味著她自己），JA 代表和她對話的那個日本藝術家。

我則是使用打字機來記錄自己的想像。如果你精通打字，很有幫助。你可以迅速記錄你的想像，也不會像手寫一樣很快就感到疲累。不過，許多人偏好手寫，這也是榮格採用的方式。有些人覺得使用鋼筆及墨水書寫會更「自然」。而藉由工筆書法來紀錄想像的歷程，他們甚至賦予積極想像一份儀式感，或是增添了古早味道。

對於一開始就覺困難的人來說，我使用的方法相當有成效。我設定打字機上的英文小寫字母來記錄我所說的內容，而用打字機的英文全大寫字母設定來記錄其他想像人物的回應內容。如此一來，當轉換說話者時，我甚至不需要縮排來分段，而是運用打字機上的轉換鍵，因此，我的紀錄可以如同想像流一樣迅速轉換。

假若第二個積極想像範例中的男子是以我的方式來記錄他的神祕旅程，他的想像紀錄看起來會是這樣的：

（編註：打字機只有英文字，中文讀者無法利用作者提供的直接利用打字機大小寫來紀錄不同說話者。但為了讓讀者一目了然，此處以中英文對照；英文小寫字母轉換中文時，中文字體為 明體 ，英文全大寫字母在中文則以 楷體 顯示。）

（Greetings from the man with the feathered cap, the Renaissance man, which is teacher and guide. He greets me at the bridge. He has his staff. I have brought my lantern and a backpack.）GREETINGS! I BRING YOU GOOD THINGS. THE WEATHER IS GOOD FOR OUR JOURNEY TONIGHT. WE MUTST BEGIN RIGHT AWAY, HOWEVER, FOR THINGS CAN CHANCE QUICKLY IN THIS WORLD. LET US BEGIN WHILE WE HAVE THE ENERGY. I am willing to begin this journey. I am willing to stick it through to its end. I begin in good faith that my actions will be sufficient to please the fates and they will be kind to me. LET US BEGIN, THEN, AND REMEMBER: EVEN THE SMALLEST EFFORT IS OF VALUE……

（帶著羽毛帽的男子的問候，那個文藝復興的男子，他是老師

也是嚮導。他在橋上問候我，手上拿著權杖，我則帶著我的燈籠及背包。）

你好！我為你帶來好消息。今晚的天氣正適合我們的旅程。不過，我們必須立刻動身，因為這個世界的事物會迅速改變，在我們還有能量的時候就立刻開始。

我願意開始這趟旅程，我願意堅持到最後。我相信我的行動足夠取悅命運，命運將仁慈待我。

那麼，我們就開始吧，你要記得：即便是最微小的付出都會是有價值的……

如你所見，作者的話語是以小寫字母（內文字體：明體）表示，而文藝復興時期男子的話語則是以大寫字母（楷體）表示。如果你運用這個方法，不需要在頁面空白處不斷重複「我」或是「男子」等來分辨到底是誰在說話，也不需要想著縮排、分段或是括號等符號。當你讀到小寫字母時，你清楚這是你自己在說話，看見大寫字母時，就是另一個人在說話。透過這個方法，你當下就可以盡快地把對話及事件記錄下來，然後繼續前進。

過程中，你不需要停頓、修改，因為除了你自己之外，沒有人會閱讀你的紀錄。

假若這個方法適合你，就使用；如果不適合，嘗試前一個範例的方法，或是找出適合你自己的方法。重要的是，找到簡便容易的方法來記錄積極想像過程中所發生和所說的一切。如果你在過程中還要斟酌括號、句子結構、標點符號及拼寫等，開始之前就未戰先降了：因為太麻煩了，以至於不會持續下去。所以，要採用一個直

接、簡單，同時也適合你自己的方法。

記錄積極想像的其他方法

有些人會以特別的方式經歷積極想像，透過舞蹈、演奏音樂、塗鴉、繪畫、雕塑，或是大聲描述畫面來表達他們內在的意象。

我曾經有個個案是舞者，她只能透過舞蹈來表達想像中的事件與對話。事實上，當她第一次這麼做時，把我嚇得說不出話來。她用行動表現出一切原初的素材，那些內在生命所感受到的美、戲劇、掙扎及悲劇，全都透過她的舞蹈展現出來。她舞出每個人物，表現每個角色，以身體描繪動物、咆哮、咕噥、吼叫、打鬥及哭泣等畫面。

當她的想像過程告一段落，我整個人屈膝蹲著，試圖藏在椅子底下。她心情愉快地說：「好了，羅伯特，你可以出來了。」

在每個積極想像的歷程之後，她都會以文字說明舞出的內容、在想像過程中感受到、看見的，還有對她個人的意義。這幫助我許多，因為對我而言，舞蹈是個陌生的語言，而透過事後的討論也讓她的經驗更意識化了。

即使你運用以上的方法，像是舞蹈、繪畫或是沙盤表現等方法將想像行動化或紀錄下來，書寫仍不失為好的選項。書寫總是幫助我們聚焦，讓過程意識化。對多數人而言，書寫是最佳，也是最容易理解的方式。

具體設置

現在你已經決定如何記錄想像，還需要設置一個夠安靜、有隱私的個人空間，可以暫時將外在世界關閉。假若過程中有人按門鈴，或是每五分鐘就有電話響起、孩子們在房間裡進進出出、跟你討食物或是要你摸摸的狗，或是桌上有一堆讓你分心的上個月帳單，你如何也沒辦法和內在我對話。

你必須夠堅定，給自己獨立的房間或是一段時間，告訴家人除非核彈爆裂或是基督再臨，否則都不能打擾你。你有權擁有那樣的自由、隱私及安全空間，你需要這些準備才能進入內在世界的旅程。

你也必須是**單獨的**。無論你與另一個人是多麼親密，通常都不可能把隱藏在私密、無意識深處的一切傾倒而出，假使房間有另一個人，他可能會徘徊，或從你的身後探過頭看你寫了什麼，假使你想要在房間內來回踱步、咒罵、大聲對內在人物說話、用力拍打牆面、哭泣，就能釋放原始情感及情緒，不需要擔憂有人在後面看著你或是聽到你所說的一切。

過程中會面臨一種渴望，想把積極想像變成寫作，如此一來，當有人不經意讀到這些內容時，當下會覺得嗯，寫得不錯，讓人印象深刻。但是你必須明白，只有**你**會閱讀這些內容，否則要誠實紀錄一切就會太困難了。

現在，舞台已經準備好了，你也找到私密空間，把門鎖上，決定自己要如何書寫或謄錄積極想像的歷程，你已經準備好要開始了。

1　原註：馮・法蘭茲博士所列舉的四步驟是：(1) 清空自我心智、(2) 讓無意識流入這個空間、(3) 加入道德元素、(4) 將想像與日常生活整合。（出自於 1979 年於洛杉磯舉辦的講座中未出版的演講內容。）

步驟一：邀請

在我們生命旅程的中途——

我發現我正穿越一座黑森林，

越過森林的正途已然消失。

要談那片野蠻的森林是件何等困難的事啊……

——但丁，《神曲》（Dante, *Divine Comedy*）

積極想像的第一個步驟就是**邀請**無意識的存有浮出檯面，與我們接觸。我們邀請內在人物並開始對話。

我們該如何邀請？透過將心思從四周的外在世界帶離，聚焦在想像。我們將內在之眼導向內在，然後，等待看看有誰會出現。

從上述但丁《神曲》中引用的幾行文字，我們明白他是如何邀請。他進入想像，馬上發現自己置身黑森林。所有的集體路徑都遭到根除：「越過森林的正途已然消失。」他必須掙扎走過糾結的樹叢，找尋屬於自己的發現之道。

在文學作品中，有好些積極想像的偉大例子，《神曲》就是其中一個。遊走於黑森林，但丁從地面上的一個洞口跌落，發現自己身處內在世界，置身冥王黑帝斯（Hades）的疆界。他遇見詩人維吉爾（Virgil），後來發現是美麗的碧雅翠絲（Beatrice）差使他前來。維吉爾指引他，在兩人走過各層地獄時和他對談。

這是個經典的例子，說明如何開始積極想像。我們前往某處，盡可能鮮明且詳盡地描述該地，讓自己定錨，接著看看你會遇見誰。在但丁的例子中，當他與維吉爾搭上且開始旅程，他遇見各式各樣的人們，有些是歷史人物，有些是他熟識的亡者。他和每個人交換意見或是經歷價值觀的衝撞。

在某一刻，維吉爾躬身退場，告知但丁有個更偉大的人將在接續的旅程為他嚮導。接著出現的就是碧雅翠絲，西方文學中阿尼瑪的偉大象徵之一，她帶領但丁前往煉獄與天堂。

《神曲》是真正的積極想像，但丁以第一人稱方式說他的故事。他的自我活出這整體經驗、反應、參與事件、與想像中遇見的內在人格對話。那是但丁內在無意識的自發流露，透過他的想像，間接呈現在我們的眼前。他所處理的偉大原型主題包括忠誠與背叛、美德與邪惡、天堂與地獄、生與死，這些都是集體無意識中浮現的內容。這些元素是我們共通的，但那是專屬於但丁的原型主題版本、他對於普世核心思想的自身經驗，他以個人的方式活出我們必然會經歷的發展。

你並不需要寫出偉大的文學作品。事實上，假若你是因為他人的眼光而開始寫作，反而會分心，無法誠實活出內在冒險。但是，你的確需要將這個人類生命普世共存的《神曲》譜出屬於你自己的情節、屬於你自己的章節。為了做到這一點，你不能複製但丁的或是其他人的版本，你必須把從你的集體無意識角落自發流瀉的內容記錄下來。

對許多人而言，第一步驟的邀請，開始的時候會有些困難。他們會坐在打字機前或是手中拿著筆，接著就發現一片空白。

假若是這樣，或許你需要的就只是耐心。只要等候，持續讓心思專注在想像中，過不了多久，意象就會浮現。假使意象依然沒有出現，那麼你需要使用接下來說明的特定技巧。

有時候，要讓事物發生是有困難的。我們可能多次把內在人物拒於門外，以至於最終有時間開門時，他們不會跑出來迎接我們。

假若他們真的前來迎接，也很可能是氣憤地說：「看吧，你老是忽略我，而且多次把我拒於門外，現在我終於得到你的注意了，我有些話要對你說！」不過，一旦你提出了邀請，就必須接受隨之而來的一切。

邀請並不意味著**管理**。開始嘗試這項藝術的人，通常都會有許多先入為主的想法，關於誰**應該**在那兒、這些內在人物**應該**說些什麼的想法。人們期待立即聽見由大母神所發表的高尚演說，或是得到內在宗師的深度智慧。這些事物通常都會發生，但是就如同我們常發現的，我們也會看見自己拒絕面對的憂鬱感受，那些孤單、空虛，或是我們最常逃開的自卑感。

假若這是當你邀請時發生的情況，接受它。這些負面的素材是你整體真實的另一面。無論是當下或是稍後，你都必須與之對話。榮格說過，感到最害怕及最痛苦的時候，才是你個人成長的最好機會。

帶著這些基本原則，我們現在來看發出邀請的特定方法。

保持警覺的等待

或許最純粹的積極想像就是單純把心思清空，進入想像，同時等待看看誰會出現，這就是馮·法蘭茲所說的「清空自我心智」的方法。我們把心中所有關於外在世界的想法都清空，單純的等待，帶著警覺且專心的態度看看有誰或是有什麼會出現。

這個方法有時候需要極大的耐心以及專注力，有時候可能什麼都不會出現。即便出現了，也可能是看似不重要，或是對自我心

智而言是沒有價值的，因此你馬上就拋開。假使你能專注心思夠長一段時間，通常會發現有些意象是隨手可及的，早已準備好登上舞台，抓住你的注意力。當這樣的人物真的出現時，你不應該驟下判斷、屈服於自己的偏見或是立刻拒絕；最好的方法就是假定它有些關鍵事物要表達。

前一晚夢境中的人物可能會出現，而你發現這個意象試圖接續夢中停駐之處，或是有個你從未見過的意象出現了，你或許會想這到底是誰、為什麼他或她會出現在你的想像中。因此，最簡單的邀請就是問：「你是誰？你想要什麼？你有什麼要說的？」你的對話就此展開。

前面說過，這或許是積極想像最「單純的」形式，因為自我並未選擇對話的對象或是到底有什麼會從想像中浮現。無論是什麼出現，你都表現出全然接納的態度，不帶任何前提或是期待。

如何開始

許多人並不適合使用純粹接納或是清空自我心智的方法，他們發現要專注心思、等待想像的開啟就已經相當困難，很可能的結果就是在很長一段時間之後，仍然是一片空白。

我相信在這樣的情況之下「未雨綢繆」是正確的作法，也就是說，做出一些特定且刻意的事物來讓想像流動。接下來，我們要檢視好些如此行動的正確方式。

首先，要預防一件事：一旦你找到意象、開始內在對話時，你必須放下控制。一旦發出邀請，意象也出現了，你不能支配你的想

像焦點，也不能把想像推向任何特定的方向。

1. 運用你的幻想力

　　所謂的駕馭幻想就是將被動的幻想轉為積極想像的方法。最簡單的形式就是檢視今天流經心中的幻想，同時選擇一個意象、一個內在人物或是情境。然後進入那個地方與那個人，將其作為積極想像的起始地。透過參與幻想、與人物對話、記錄當中所做的及所說的一切，因而將這個被動幻想轉為真誠的積極想像。

　　當一個人有過多的幻想素材時，這個積極想像的方式特別有幫助。積極想像可以從底層釋放壓力以減少幻想的數量及強度。當你的腦海中有著日日重複出現的幻想，表示有些內在的問題需要處理。當大量的幻想佔滿心思，通常意味著你沒有給予無意識足夠的注意力。它藉由氾濫的幻想來補償你失衡的偏向外在世界，強迫你進入不由自主的內在生命。

　　榮格曾說過，在這樣的情況下，你可以擷取幻想的主題，與其意象開始一場意識的對話。取代被動觀看著幻想在心中一再重複，你把素材帶入積極想像中，你在內在相關的不同部分建立一場對話，同時把衝突帶出來，解決它，你把幻想轉為意識。

　　請記得，幻想就是最佳的測水桿。假若今天有個幻想在心思背後流過，你可以確信它是以象徵的形式來表達當中的主要動力、衝突或是你內心集中的心靈能量。假若你進入那個幻想，同時把它當作積極想像的起始點，你就會自動聚焦在直接、相關以及重要的內在議題上。

　　因此，透過學習駕馭被動幻想並轉為積極想像的過程，你得

　　　　　　　　　　　　與內在對話：夢境・積極想像・自我轉化

以成就兩件重要的事：首先，它會幫助你在「乾涸」的時刻發出**邀請**，當沒有意象浮現，當你心中一片空白，似乎無法讓想像開展的時候；其次，當你發現幻想流讓你無法招架時，正是絕佳方法讓你專注在幻想上，把它帶上檯面，透過積極想像有意識地「活出幻想」。避免讓幻想流因為不斷的自我重複或是試圖向外表現而浪費掉，你讓它得以在它所屬的層次上意識化，也就是在想像的層次上意識化。

2. 造訪象徵地點

發出邀請的一個簡單方法就是在想像中**前往某地**，開始探索你在那兒會遇見誰。通常這麼做時，你的想像會把你帶往需要前往的內在地點，把你和你需要遇見的內在人物連結起來。

許多人會不自覺地落入習慣回到想像中的某個特殊地點。還記得那個與文藝復興的騎士一起踏上冒險之路的男子嗎？我們注意到他有個習慣，總是回到想像中的同一座橋，那個文藝復興的男子總是前來那座橋接他前往內在世界。

對我個人而言，海岸是我夢中常出現的魔幻地點。當我不知道該如何開始積極想像時，常會往心中的海岸前去，開始行走，不可免的都會有事發生或是有人出現，而想像就此開展。有幾天，我走了又走，幾乎什麼都沒發生；有時候則走得疲倦。但是一般而言，假若你進入內在之地找尋，你會發現某人在那兒等著你。

數年前，我有個個案在開始積極想像的過程中面臨很大的困難。他的外在生活幾乎不曾發生任何事情，這種千篇一律的枯燥也進入他的想像中，一片空白。因此，我要他去海灘走走，就像我所

做的那樣，走路、環顧四周，看看會遇見誰。

隔週他回來後說：「是的，我在海灘上走了又走，但是沒有人想要跟我說話，什麼都沒發生。」

我有些心煩地說：「注意！一定有事發生的。你如果在海灘上走得夠久，雙腳會起水泡，你就必須去醫院。接著，你會愛上護士，然後和她結婚。會有事情發生的。現在，行動！」

隔週他又回來，用他那絕對嚴肅且不動聲色的表情看著我，說：「那個護士沒有任何優點，我沒有和她結婚。」不過，至少他開始了。

你的內在地點可能是叢林裡的小樹林、世外桃源般的草原中躲著牧神潘恩（Pan）或是修道院裡的小房間。你可以找尋個人能量所在的內在地點，學習找出如何再次回到那兒的方法。進入你的內在地點就成為你邀請內在世界的方式。

3. 運用擬人化

讓我們把思緒帶回那個滿腦子都是粉刷房子的女子。你可能還記得她是透過把縈繞心中的感受擬人化而發出邀請，她尋找某個意象來代表內在著魔的那部分。

她透過與纏住心思的那個意象對話而開始這個歷程。起初，彷彿是對著四周的空氣說話，接著，她聽見想像中的聲音，後來就變成她能夠看見的意象：

E　　　　　　現在到底是怎麼一回事？我被無意識的力量控制了。
　　　　　　眼前的色彩轟炸讓我無法入睡。你在做什麼？你要什

麼？你是誰？

（聲音）　　（在我的想像當中，那聽起來像是個女性的聲音。）
　　　　　　這些顏色都好漂亮，看看這交會處、看看它們是如何
　　　　　　喚起大自然的各個面向。最特別的是，這些顏色與書
　　　　　　架的木頭色調真搭。

E　　　　　請問……

　　這個例子提供了另一個預作準備的方法。如果你有一些亦步亦
趨緊隨的情感，一些你擺脫不了的情緒，這就強烈暗示你該前往何
處開始與無意識的對話，前往你內在那個被纏住的、憂鬱的或是其
他的情緒。

　　進入你的想像，並說：「為什麼我的內在今天感到憂鬱？你
在哪裡？你長什麼樣子？請你顯示成我眼睛能看見的形象，請你出
現，和我說話。我要知道你是誰、你要什麼。」

4. 與夢境人物對話

　　榮格發現積極想像的最早用法是成為**延伸夢境**的一種方式。假
若某個夢境沒有處理，或是你持續夢見相同的重複的夢境，可以透
過想像將夢境延伸，同時帶出解決方案。這是想像的正當使用，因
為夢境及想像都是出於無意識的相同源頭。

　　這也提供了另一個邀請的方式。你在想像中回到夢，同時進
入夢境與當中的人物對話，或是選擇夢境中需要與之說話的特定人
物，與特定單一的夢境角色說話；或是回到夢中情境，從夢未盡之
處繼續完整的不期而遇。你可以有效地**繼續**夢境，同時藉由積極想

像的延伸與之互動。

在這樣的方式之下，積極想像成為夢境工作的附加價值，允許你進入夢中懸而未決之處，回到尚未處理完善的情境，發展夢所呈現的內在情境。它允許你「接續這個故事」，透過夢的帶領前往下一步，並讓**整體事件**獲得解決。

因此，當你發現進入積極想像時，處在似乎無法開始或是無法找到起始點的狀況，那就進入最近的夢中。它不僅能幫你讓積極想像開始流動，也會轉化你與夢境的關係，以及你與內在人物的關係，因為你把你的意識參與帶入夢中。

積極想像範例

進入第二步驟之前，我先提出三個實例，說明如何以積極想像來延伸夢境經驗，或是如何運用夢境人物來進行對話。

第一個例子來自於榮格本人，這是他針對積極想像所提出的最初案例之一。費爾蒙（Philemon）最早是出現在榮格的夢中，榮格因為進入這位內在人物，與他進行積極想像，因而種下了他的理論中針對心靈本質最重要且最深遠的洞察。

這個幻想出現不久之後，另一個形象又從無意識中冒出來。他是從以利亞（Elijah）的形象發展出來，我把他命名為費爾蒙（Philemon）。費爾蒙是個異教徒，他有一種含有諾斯替教色彩、埃及與希臘合一的氣氛。他的形象最初出現在下面這個夢裡：

夢中出現像大海邊蔚藍的的天空，天上飄浮著的不是雲彩，而是平平的棕色土塊。土塊像是正在散裂，人們可以在這些土塊之間看見蔚藍的海水。海水便是藍天。突然間，一個有翅膀、長著牛角的老人從右方橫飛過天空。他繫著串成一串的四把鑰匙，緊握其中一把，像要打開一把鎖。他長著翠鳥的羽翼，顏色也跟翠鳥一樣。

......

費爾蒙及其他形象使我恍然頓悟：存在精神之中的種種事物，不是由我製造出來，而是自己產生並擁有生命。費爾蒙代表的並不是我自己的力量。在幻想中，我和他交談，他則說些我沒有想到的東西。我清楚地看出說話的是他不是我。他說我對待思想的方式就像這些思想是我自己產生的；但在他看來，思想卻像是森林裡的動物⋯⋯是他教我要具有精神的客觀性，即精神的現實性。透過他，我自己和我心智的客體區別變得一清二楚⋯⋯

就心理學來看，費爾蒙代表的是更高層次的洞察力。對我來說，他是個神祕的形象，有時，他顯得很真實，像個有生命力的人，我和他在花園裡散步，他在我心中就是印度人所謂的宗教導師。

——《榮格自傳：回憶‧夢境‧省思》，繁體中文版，頁 242-243[1]。

如果你進入積極想像中與夢境人物會面，似乎可以和他們建立各式無止盡的關係，你也可以在自身的經驗中確認你開始朝內的改變來回應你與這些內在人物的對話與經驗。假若你在夢境中與一個人物發生了可怕的衝突，你可以多次進入積極想像，處理與這個

人物的衝突，直到相互理解。假若你和榮格一樣在夢中發現一位睿智、先知先覺的老人或女人，你可以定期造訪那個夢中人物，尋求智慧及忠告。

　　很久以前，我曾經夢到自己正襟危坐地坐在書房裡，做著一般人在書房裡會做的事。突然間，一隻獅子走進來，把我嚇壞了。為了讓那隻獅子離開書房，所有能做的事我全都做了，我把牠推開、我下命令、我要求、我發出巨大的聲響，沒嚇到獅子反倒把自己嚇得半死；我甚至扭擰牠的尾巴，不過到這裡夢境就結束了。我仍然感到恐懼，但是獅子也不想離開。如你所見，這樣的夢境結局是完全無法讓人滿意的，針對問題完全沒有解決方案。

　　因此，我把這個夢帶入積極想像。在我的想像中，我從夢境未盡之處開始。我馬上再度感到恐懼，後頸的寒毛都立了起來，感覺一陣涼意流過背脊，這些反應都意味著我正處在栩栩如生的積極想像中，我完全置身當下的感受。我感覺彷彿書房裡真的有隻獅子，我的腦袋可能隨時都會被牠一口咬掉。我的心怦怦跳，全身顫抖，冷汗直流。

　　針對那個夢，我做了四次的積極想像，直到我突然明白那隻獅子並不會傷害我！我們對於內在的一切是如此愚昧無知，任何旁觀者在不到三十秒內都會說：「看清楚，獅子沒有要傷害你，你為什麼要擰牠的尾巴？或許牠有些話想說，或許牠是你需要接受的重要部分。」但是，我進行了四次想像，致力於**擺脫**這隻生物，直到我終於明白或許牠是屬於我的一部分，我需要把牠整合進入我的生命。

當時的想像是如此強烈以至於我無法中斷。每當我進入書房工作，想像就會再度開啟，獅子靈會在書房四周徘徊。每次當我試圖坐在桌前工作，牠就會上前舐我、對著我的打字機聞了又聞，或是對著窗子咆哮，讓我分心無法工作。

我開始和牠說話：「你是誰？你來這裡做什麼？看看你對我所做的，你在一旁盯著我，讓我什麼事都無法完成。不管怎樣，你把我嚇壞了，即便你只是一隻夢中的獅子。你為什麼不到外頭去找其他獅子或其他有的沒的？獅子不屬於這間房間，也不屬於我高尚文明的每日生活作息。」

我漸漸習慣了牠的存在，不過仍花了我好個星期的時間和那個由獅子所表現的內在事物達成協議。牠是強大的，甚至是讓人害怕的，是屬於我的一部分，因此當我愈清楚那是**誰**，是我的哪個部分，對於牠所蘊含的意義就更加惶恐，我下了很多功夫才能正視牠。

最後，在經過許多、許多次的積極想像之後，有一天，這隻獅子走到書房中某個特定位置，弓背坐下，變成了一座銅像，在牠伸向前方的右前爪下有一本書，我在那本書裡讀到訝異不已的內容。

從那時候開始，牠就一直待在那兒。有時候，我會在想像中再度回到我內在的書房，看看牠是否仍在原地。牠一直都在，書也在，打開的頁面始終揭示重要的訊息。

本章的最後範例是個年輕女子的經驗，她做了個簡短的夢，一個關於她的丈夫及兄弟的夢。因為這個夢可以說是「讓她懸在那兒」，她決定藉由積極想像前去與夢中的人物會面，看看是否能夠把問題解決。這個例子的好處在於，我們能夠看見她在想像過程的

實際對話逐字稿。

　　你應該認得這個夢，因為這是我們第一個檢視的夢。我們先前已經看到這個做夢者是如何透過夢境工作來得到夢境的意義，現在我們要看看她如何使用夢境開始積極想像。

夢境

　　我在找車鑰匙，後來我想起鑰匙在老公那。接著，我又記起我哥哥把車子開走了，還沒有還車。我看見他們兩人，緊接著叫住他們，他們似乎沒有聽到我。接著，一個蓬頭垢面的年輕男子，像是個「叛徒」，上了我的車把車開走了。我感到極度的沮喪、無助、被遺棄、心煩意亂。

做夢者的筆記

　　我決定開始積極想像，因為夢境中的問題並沒有解決，而我始終覺得這是出自無意識的清楚邀請，要我透過想像做功課。我覺得這個夢顯示出我與內在陽性面的關係不佳，沒有任何交流。我的集體方式——車子——被開走了，但是問題並沒有解決。我設定了與夢中三個男人對話，但是讓他們變了形，這樣他們看起來就完全不像我的兄弟與丈夫，如此一來，我的想像就不會宛如「魔法」一般作用在外在世界的丈夫及兄弟身上。我與這個原型、通用的「丈夫」和「兄弟」對話。

我　　　你為什麼要這樣對我？
　　　　（對夫與兄）你們都不守信用。

夫與兄	（兩人都沉默不語，沒有說話。叛徒轉身背對著我，還別過頭去。）
我	拜託，你們為什麼不跟我說話？拜託你們說說話。在夢中，你為什麼把我的車開走？你為什麼把我丟下？發生了什麼事？
夫與兄	（他們相望對看，我看見那個「丈夫」手裡有把鑰匙。）
我	你不理我，可是又明顯做了一些事來得到我的注意力，你到底要什麼？
	（很長的一段沉默）
我	拜託不要忽視我。這很傷人，我必須和你說話。
丈夫	你一直都不理我們。更何況你也不需要鑰匙。
我	沒有鑰匙，我就沒辦法開車。
兄弟	你不需要車子。
我	我不懂。
丈夫	（把鑰匙拋給兄弟，並說：）假使你總是要表現得像個女超人一樣，你為什麼不直接**飛**到你需要去的地方？
我	（現在我覺得非常受傷，我開始明白他的意思。我過度忙碌、試圖做得過多，自我膨脹。我感覺悲傷，更適切的說法應該是感到空虛，在這一切的努力嘗試之下，我是何等的空虛。）
丈夫	你表現得就像你不需要我們，好像你**什麼**都不需要。這就是為什麼我們跟你的距離這麼遠。
我	我現在明白自己是多麼疏離，難怪我最近會變得如此緊張不安，我很抱歉，我讓工作淹沒了我，而且竟然完全沒有

意識到。

（現在我大概知道「叛徒」是誰，他的臉也轉向我。）

（對叛徒說：）你是我內在那股逃跑的能量，你接下那些看似是合理、有產能以及值得做的工作，從任性的標準來說，它們或許是如此。但是，這些並不是我**想要**的。我現在明白了：你是那個進入車子，和我一起開走的人。你設定了所有前進的動作。

但是那不是我想要的，對我來說也是不合宜的。當我重新檢視我所做的這一切，我明白我的寫作計畫可以等等，而且我也不想教延續的課程，其他的課程還好，如果能少上一堂課，生活就能再度屬於我自己。

叛徒　寫作計畫其實是個好計畫，對其他人而言可能也是重要的。除此之外，你說過自己對寫作有興趣。

我　　我並沒有承諾，你讓等待彷彿就像一場災難，事實上並非如此。

叛徒　可是，取消課程會讓學生們失望，他們特別**要求要上**這堂課，這對實習安排是有幫助的。你如果取消的話，可是會失去信用……

我　　許多人都依賴我，但不是非我不可，其他人也可以教這堂課，學生們反而可以因此學到不同的觀點。

（我感覺逐漸增加的平衡感，更像自己了。我不喜歡因為拒絕要求而產生的焦慮感，可是顯然這些要求已經遠遠超過我所能負荷的。我更不喜歡「太超過」的感受，無意識的作為，讓我感覺失去連結，而且變得自動化。）

　　　　與內在對話：夢境‧積極想像‧自我轉化

我 　　 你看，我喜歡我的工作，可是一旦當我允許你指使我，工作時就愈來愈感受不到喜悅。我忘了關注什麼是實際的、什麼是有意義的，我忘了這兩者的區別。我並不是退縮，而是清醒了，我在做出選擇。

　　（我聽見窗外相思樹上的歐椋鳥兒，那聲音聽起來獨特又清新。我先前都沒有注意到，我怎麼會錯過牠們？我掉入靜謐感受，對於歐椋鳥所喚起的注意力滿懷感謝。一會兒之後，我注意到眼前的三個人都變了。其中有個男人，是先前夢境中我所喜愛的那個人。我們安靜的在一起，就這樣好一段時間。）

　　這個範例顯示出如何延展積極想像來轉化一個簡短但未解決的夢境情境，做夢者是如何迅速且直接發現夢境的應用所在！透過與三個夢境人物會面，提出要求與他們對話，她有效地在夢未盡處重新開啟，因為她有意識地參與，夢因此呈現出新的元素。相對於只是被動觀看夢境，她進入夢境當中，在其中扮演有意識的角色。

　　即使她的優勢是清楚說話的對象是誰，她仍然在**邀請**的那一刻感到困難：起初，這些夢境的角色並不想說話，但是，透過持續堅持，讓他們知道她準備好要傾聽，她讓他們遠離怨懟，讓對話得以進行。

　　請讓這些範例鼓舞你進入自己的夢境，也以此為起點，邀請無意識大駕光臨。你可以使用這個方法讓夢境持續，直到有所進展，獲取屬於你自己的意識。

1　　編註：本段引自 Jung, *MDR*, pp. 182-83。

步驟二：對話

你已經邀請了無意識，意象浮現進入想像歷程，現在你準備好要開始對話。

所謂的對話，很大一部分是把自己交給想像，讓想像流瀉。我們有各種原則可遵循，但是能夠讓經驗前進的最重要因素，就是讓內在人物擁有屬於自己的生命。

務實的做法是，說出或做出任何進入心中的事物，只要是讓你感覺合適、符合道德的。假使想像時有個角色出現了，但似乎一開始時沒有什麼可說的，可以透過詢問他或她是誰讓對話進行。問這個人要什麼、想要討論什麼、想要做什麼。最好是問問題，而不是說教或是做出聲明，因為你要展現的基本態度是**願意聆聽**。

假使內在的人物做了什麼，寫下來，接著回應，不管你的反應是什麼就做出來或是說出來。通常內在人物會試圖把你拉入某些活動，帶你去某個地方，引領你走上某條道路或旅程，假使你覺得是正確的，那就去做，記錄路途中發生的一切。假使你覺得跟隨這個人是個錯誤，或是不喜歡內在人物建議的活動或是參與，你有權利說不。你有權利拒絕，說明理由。通常接下來會引發激烈的討論，討論這個內在人物和你認為想要或是不想要，或是不贊同，又或者是害怕等等的衝突。這些都是積極想像的絕佳素材：對話已然開始，自性的不同部分正從彼此身上學習。

假若你發現內在的角色不想說話，這時「給些刺激」是正確的。你可以主動提出條件交換，就好像你正處在與一個害羞且不善溝通的客人互動的情境，你可以問問題或是表達你的感受。假若你對於出現的人物感到害怕，就表現出害怕。假若這個人讓你想起過去曾經有過的經驗或是做過的夢，或是想起外在世界認識的某個

人，就對這個人說出你想起的一切。

　　或許沒有任何事物會如同表達感受一樣，讓對話進行得如此快速或深入。當你讓感受湧現，並邀請內在人物也這樣做時，通常可以激發非常直接的交流互動，這是因為情感所關注的大多是價值：我們愛誰或欣賞什麼、我們害怕什麼、有什麼是讓我們感到不忠實或是不正當的、我們對自己以及對他人的渴望。同時，我們也發現價值是人類生命的主要泉源。

　　非常重要的是，如實記錄每件發生的事物以及說出的內容。書寫可以確保你不會因為失神而進入被動幻想。幻想常會從心思邊緣偷偷溜入，書寫會幫助你更專注、更深刻的體驗。實際上，書寫可以讓經驗更鮮明的刻寫在意識心智上。

與意象交談

　　為了做出想像的真實行動，我們需要留在開始的那個意象，留在那個情境，直到解決方案出現。一旦與某個特定的意象相遇或是開啟一段對話，重要的是從那裡繼續下去，不要讓自己被那些躍上心頭、與積極想像相互競爭的其他意象或是幻想素材分了心。

　　假若你讓心思從一個意象跳過另一個意象，從一個情境飛過另一個情境，你只會讓自己經歷一連串無意義的開始及停止，它們不會把你帶往任何地方。假若你的自我真心想進入內在角色，與他們交流，就會與這些原初的角色有連續性的一致經驗。千萬不要被動坐著，讓你的心思從一個意象跳過另一個意象，從一段影片換到另一段影片。

積極想像是完整的經驗，一個有開始、中間過程及結束的經驗。就如同夢境一樣，通常會生成對於問題的陳述、與問題的交流，以及對於議題的各式觀點，最後則是解決了衝突或事件。這可能會發生在單一的想像時段，也有可能需要持續數日或甚至是數年的系列想像時段。

從我們先前提供的範例中，你會理解這一點。首先是女子與她內在的日本藝術家之間的對話，在那段對話中，我們可以輕易辨識出提出問題的那一刻，也就是一開始的時候。接續則是一段長長的對話，可能的解決方案得到清楚說明。最後，在對話的尾聲，問題解決了。這並非她與日本藝術家的最後對話，但是在這個想像時段中，我們找到了根本問題的解決方案。

相對的，我們想像那個被帶往神祕旅程的男子，意圖幫助那位苦惱的皇后。在這段積極想像裡，問題已經很清楚：國土上，邪惡勢力正猖獗，人們受到傷害，這一切都指向是無辜的皇后的錯。當男子與他的嚮導一起踏上旅程，他盡可能透過治療小女孩來療癒這片土地。但是，他的旅程才剛開始，還有更多的工作需要做。事實上，這個特別的積極想像持續了好幾年，現在也還在進行中。

帶著情感參與其中

積極想像的本質是全面參與。我們曾提過積極想像與被動幻想之間的差別，這一點在這個階段特別重要。關鍵的是，在交流的過程中，以全然的夥伴關係加入其中。一個人可以建議、主動邀請、問問題、爭論、反對，所有在平等交流中會做的一切都可以做。

這一點的關鍵在於維持情感的當下覺知，帶著你的**情感**參與其中。你必須感受到這是真實的，也就是說這是真實**正在發生的**，即便是發生在內在而非外在。如果你從中抽離，或是覺得那不過就是你在安全距離以外看到的幻想罷了，就不會是真實的經驗。如果你不是真的帶著情感參與其中，那就不是真正的積極想像。

　　處在感受當下的好例子是範例中的女子，她夢見兩個像是她丈夫和兄弟的兩個男性角色忽視了她。當她在積極想像中和那兩位男性人物會面時，她有什麼感覺？氣憤、受傷、憤怒，實際上她全都感覺到。她的感覺和情緒在與這兩個內在人物互動時顯現出來。最後，他們回應了她的情感。

　　我們可以從一個人的情感反應來分辨他是否真的在進行積極想像。假若在想像的情境中，正常人的反應是生氣、害怕或是極度喜樂，但是當下並沒有出現前述任何感受，那麼我就知道這個人把自己從事件中抽離，只是在遠處觀看，不是真的參與其中，也不是認真看待積極想像。

　　我們必須全然參與。然而，有條界線是不該逾越，我們不能從參與區移動偏離到**控制**區。在積極想像中，我們不能控制內在人物或是正在發生的事件，我們必須讓想像流向它會流向之處，讓經驗開展，不能試圖事先決定即將發生什麼、即將說出什麼、完成什麼。

　　有時候，要明白全然參與試圖控制兩者之間的差異是有困難的，你和外在世界人物的對話是個適切的比喻。當你與某人對話，禮貌及尊重讓你允許對方有「對等的時間」。我們試圖不去主導對話，不會以一長串個人的意見來淹沒對方，只為了打斷他或她表達

想法的機會。相同的禮貌、節制及尊重等規則，也適用於當我們與內在世界的人物對話時。

有時候，你的內在人物所說的內容聽起來讓人感覺很愚蠢、原始或是荒謬，或是因為完全不符合常理而讓人感到生氣。你仍然要允許這些內容表達出來，試著就這麼一次放下控制；停止試圖讓內在人物按照你的自我標準而說出聽起來是聰明的或是合理的內容，讓他們成為他們自己，無論是誰、是什麼。

放下控制意味著放棄你對於什麼該發生、什麼該說出來，以及從這一切當中應該出現什麼訊息或是對於意義的個人偏見。事實上，在這個階段，你完全都不該去想這到底**意味**著什麼，因為那會引導你試圖指揮這份經驗，以呈現出正確的「訊息」。我們需要克制自己將自我期待強加在想像事件上，我們需要放下**應該是**的心態；相反的，要讓它如其所是的流動，讓那些檯面下真實存在內心的情感、衝突及人格，自然流動。

學習傾聽

最重要的一點，積極想像是一個傾聽的歷程。

並不是所有與內在人物的對話或是互動都會透過文字表現。在有些積極想像的時段中，全盤的經驗都是透過行動、所見及所為而發生，這依然是個對話，不過是沒有文字的對話。然而，更常見的狀況是口語的對話形式。無論是哪一種狀況，我們都需要學習傾聽。

通常，我們只經歷過自己的這些部分，現在，在我們的想像中

如意象般呈現出來的這些部分就像是敵人，視之為怠惰抵制、精神官能症、不具生產力的惡習以及不成熟的。這些都是它們在自我的角度之下所呈現的樣貌。但是，現在假使我們想設置一個代替品來交換我們習慣與之對抗的這場終身戰爭，我們必須開始傾聽。

歷經多年忽視這些屬於我們的內在部分，多年來將它們視作人格中的劣勢特質，當我們開始傾聽時，就會發現它們想要告訴我們好些令人極為不愉快的事物。不出所料，有些內在人物告訴我在過去這些年我是何等專橫、又是如何把自我的態度強行灌入無意識。

我們必須願意去問：「你是誰？你有什麼要說的？我會聽你說。如果你想要的話，這一整個小時都是你的時間，你可以使用任何你想要使用的語言來表達，我會在這裡聽你說。」

這需要針對我們多數人所持有的態度重新劇烈調整。假若有些內在事物在你看來是項缺點、是個缺陷、是對有生產力生活的可怕阻礙，就算是這樣，你必須停止將那部分的自己視為「壞人」來打交道。就這麼一次，在積極想像中，你必須試圖傾聽那個「劣勢者」，把他或她當成智慧的聲音。假若我們的抑鬱或是缺點以擬人化的方式來到我們面前，我們必須尊重那些特質，視為整體自性的一部分。

把你覺得劣勢的感受、罪惡或是悔恨等屬於你的部分放入證人席中，並說：「你值得擁有每項特權，你見證了我所不知道也不了解的，你可以說任何你想說的，無論多久時間都可以，你會受到尊重及敬意，你所說的會被記錄下來。」正是如此，積極想像的力量得以出現。我們學習傾聽那些一直以來保持在靜音狀態的事物，我們學習向那些一直以來被視為不名譽的內容表達敬意。

學習回應

當我們學習傾聽之時，也必須學習回應，提出我們的訊息、觀點以及價值所在。

當人們一開始學習對無意識的聲音表達敬意，同時嚴肅對待，通常會出現的傾向就是做得太過，因而決定「這個自我什麼都不懂」。人們會傾向於把內在人物所說的一切當作最終裁定，這就和先前的自我中心模式一樣愚蠢及偏頗。正如同自我必須藉由進入無意識而平衡其觀點，同樣的，無意識也需要透過意識心智的態度而得到平衡。

切記榮格的觀察：他說自我與巨大的無意識之間的關係就如同浮在大海的小軟木塞。我們常常會有那樣的感覺，覺得自己就像是被拋在生命海洋中的軟木塞，全然受制於牽動著我們的波浪及風暴所擺布。對於生命的一切，我們似乎少有控制的力量。

讓人感到吃驚的是，榮格接續說明他的比喻：然而，這個軟木塞從道德的角度來看，是等同於海洋的，因為它擁有意識的力量！雖然自我渺小，但它擁有一個特別的，我們稱之為意識的覺察力量，因為這個特別的集中力量，讓它得到一個位置，相較於那看似永恆豐富的無意識，它是同樣必要、同樣強大的，而且同樣有價值的。這個小軟木塞可以反駁海洋，同時擁有可以貢獻的觀點，如果沒有它的話，意識的演化就無法有所進展。自我可以反駁，就是這一點讓對話平等展開。

自我的意識能力賦予了力量、權利，甚至是責任，在平等的基礎上和偉大的無意識搏鬥，也找出整合的價值。

不操控

在積極想像第二步驟的重要法則之一，就是你絕不能帶著準備好的腳本來進行。在事情發生之前，你並不知道會發生什麼。

你可能知道自己對某事物可能會有的感受，你可能知道自己對內在人物要說些什麼，你可能知道當自己進入想像時要找尋什麼人，但是你並不知道對方會說什麼，直到他或她說出來之前，你不知道內在的人物要做什麼，直到他們行動。你有權利呼叫你的阿尼瑪、阿尼姆斯或是陰影人物，但是你沒有權利事先規劃他們該說什麼，也沒有權利在他們出現之後主導過程。

在最佳的狀況下，積極想像就是充滿驚奇的生活，是一份把自己交託給非預期的生活。我們不事先計畫或是寫腳本，就是單純開始，接著讓一切自然發生。從無意識自發流出的一切、不帶操控、不帶指導或是控制，這就是積極想像的材料。

我們需要清楚明白這一點，因為當今有太多相關的內在工作系統被誤認為是積極想像，但是它們是完全不同的。最主要的差異在於，那些系統都是以準備好的腳本來運作；一切都是事前決定的。

這些系統稱作「引導式心像法」（guided imagery）、「創意式心像法」（creative imagery）或是其他名稱，共同點在於一切都是**預設的**，你事先決定在想像中會發生什麼，自我決定讓什麼從無意識出現，同時準備好腳本。其想法是給予無意識一組「編碼指令」，如此一來，它就會做出自我要它做的事。

其中一個系統公開宣示，使用意象的完全目的在於**得到你想要得到的**。你閉上雙眼，想像有台新車、新工作或是你想要的那棟

鄉間房舍，你使用視覺想像的力量來得到這些事物。在另一個系統中，你試圖透過自我心像來得到看待自己的正面態度。你把自己想像成你想要成為的樣貌：苗條的、迷人、有影響力、有才能的或是其他。藉由使用自我心像，我們試圖成為一個理想化的人，也就是由自我決定希望成為的樣子。

這些心像法的問題在於它們都是由自我決定一切，無意識反而是某種欠缺自身觀點的愚蠢動物，毫無可貢獻的智慧。而這些交流的重點在於訓練無意識做出自我想要的，自我的決定可能看起來是個好決定，問題在於決定的過程中並未諮詢無意識。

積極想像則是從一個完全不同的觀點看待無意識。我們確信無意識有其智慧、有其觀點，就像自我心智一樣，平衡且實在。積極想像的目的不在於給無意識「編碼指令」，而是**傾聽**無意識。如果你真的傾聽，無意識也會回過頭來傾聽你。

假若你決定要完成某些大計畫，但是發現無意識對這項大計畫有所抗拒，你的反應不應該是試圖給無意識「編碼指令」，好讓無意識同意你的想法。相反的，你應該進入無意識，找到那個讓你動彈不得的、抗拒的或是沮喪的部分，找出**為什麼**。假若你這麼做，通常會驚訝地發現無意識有極佳的理由不同意你的計畫或是目標。

或許你正即將進入胸懷壯闊或是沉迷心緒，試圖完成某件實際上不可能完成的事情。你的無意識很有可能因此有所抗拒，試圖把你帶回理智狀態，好讓你將計畫縮小到在你的資源及能力範圍之內。又或者你的計畫可能會對家庭生活、婚姻、人際關係或友誼等造成永久傷害，無意識可能讓你生理狀況出現徵兆、感覺憂鬱或是麻痺不仁，為的是防止你過於偏執，而毀了你人生中重要的事物。

積極想像開始於對無意識尊敬的這項原則，同時理解到無意識當中有著極具價值的事物可貢獻；因此，對話必須是在雙方才智平等且互敬的狀態下進行，不能出現由其中一方下「編碼指令」給另一方的狀況。

這也就是為什麼在積極想像中是沒有腳本的。你並不是遵循一個計畫好的進程，你不會替你遇見的人說話，也不是預先決定目標。你不會事先設定好一個目的，試圖操控無意識以對之表示贊同。

針對引導心像法的使用，歷史上可以找到好些正當且優良的例子，其中一個就是耶穌會會祖聖依納爵·羅耀拉的《神操》（ *Greater Exercises of Saint Ignatius of Loyola* ），這是對基督生命的系列冥想，每天使用制定好的意象來引導冥想。榮格多年前在瑞士有一系列演講，當時他借用《神操》來呈現積極想像與引導式心像之間的差別。

舉例來說，在這個引導式心像法中，你會前往耶穌被釘上十字架的苦路（Via Dolorosa）。這是耶穌被釘上十字架的那天，而你就在那兒，在你的想像中同在。你可以聞到塵埃、汗水及血液的味道，你聽到群眾的嘲笑聲，你看見荊棘冠、十字架及血流。你感受到腳底下的尖銳石塊，在你跟隨群眾前往受難地（Golgotha）的道路上，太陽火辣的照在你身上。

在這樣的方式下，對於那些採用羅耀拉冥想的人們而言，基督的生命事件鮮明呈現，無論是味道、感受、觸感及痛感，它們變成實際直接的經驗。假使這種引導式心像法能滿足你的宗教目的，就是好的，主要是把你與中世紀的心理連接上，但那樣的心理仍有許

多部分活在我們心中，我們也能對之表示敬意。

　　但是，榮格說過比較好的做法是，假若我們能進入積極想像，走上屬於自己的苦路，發掘我們內在有什麼。這不是任何人或任何事預先決定的，除了那些原本就活在我們內在現實之外的事物；它也不會是由權威或是傳統所規定的。你可能發現自己行走在古老的石板路上，就如同羅耀拉一樣，或是你可能發現自己走在遊艇甲板上，假若那是你的內在道途所指引的方向。你可以確定的是：最終每條路都是苦路，因為它帶領我們進入每個人都必須經歷的問題及衝突，有時候痛苦，帶著英雄般的精神，有時候則是犧牲奉獻，為的是啟引我們到意識領域。

　　假若你有現代人的心理，就必須找到屬於自己的道路。**走你自己的路**，讓人害怕卻又讓人振奮。沒有人可以告訴你這條路，因為沒有一條事先規劃好的路，而是只有**一條路，你的路**，只要你能誠實地活出它，它就和其他道路一樣令人信服。

　　生活中的許多虛偽、孤單會因此消散，假若你明白你的道路就是一條路，是在許多條路當中的一條路，卻是獨特且不同於他人的那條路，是源自於你自身本性的那條路，是天生的一條路，不是人為的，因為最終我們都要孤單行走在那條路上，沒有人可以告訴我們最終前往哪裡，也沒有人可以代替我們走這條路。

　　假若你想以這樣的方式行走人生，積極想像就是最適切的那條路。

步驟三：價值

到目前為止，我們已經審視過如何邀請無意識的人物、如何與他們對話，但是還不夠，我們需要持守倫理立場，身為有意識的人類，我們的工作是將倫理元素引介入內。

當想像歷程展開，當原始的本能力量受邀而浮上檯面、被聽見時，我們必須設下一些限制。正是我們的意識自我，必須在倫理的引導下設下限制，目的是保護想像歷程不受非人性、破壞性或是極端等因素影響。

榮格採納了一個大膽的觀點，他認為人性在創造過程中有其角色：從至高的觀點而言，對意識行動及道德觀有所貢獻。我們身處於教人驚嘆的美麗的宇宙，但是宇宙的力量表現與道德無關。宇宙並不像我們一樣關心專屬於人類的價值，例如正義、公平、保護無防衛能力的人、為世人服務，以及保持完整無缺的現實生活架構。我們需要將這些價值引進周遭的世界。通常就實際面而言，在積極想像中出現的**存有**是非人類自然力量的擬人化表現，因此我們需要將倫理、人性及實務等元素帶入積極想像中。

榮格觀察到，從人類的角度而言，如果沒有倫理價值的衝突，就不會有意識的發展。意識總是涉及到面質倫理：我們對於衝突的價值觀、態度及在眼前開展的行為表現能有所覺察，同時必須做出道德選擇。

所有這些原則都會在積極想像中出現。當內在人物出場時，當不同的態度及可能性浮上檯面，為了在相互衝突的價值觀中調和、有所折衷，我們不可避免必須採取倫理立場。

認為對這些意象已獲得某種理解而淺嘗即止，也是嚴重的錯

誤。對它們的洞察必須轉變成倫理職責。若不這樣做便會淪為權力原則的犧牲品，導致種種危險的後果，不但對其他人具有毀滅性，對自己也是。無意識的意象把重大責任放到一個人的肩上，；無法理解它們或逃避倫理責任便會使一個人失去完整性、生活痛苦且四分五裂。

——榮格，《榮格自傳：回憶·夢·省思》繁體中文版，頁253[1]。

　　榮格曾經談到一個年輕男子夢見女友滑入冰湖，溺死水底。榮格說，事實上，那個男子無法只是坐著讓命運的冷酷力量除去內在陰性。他建議這個男子進入積極想像，找個東西把女友從水中拉出、替她生火、為她找些乾衣服換上，救她一命，這是倫理的、道德的，同時符合人性的事。這就是自我該負的責任，把這份責任感帶入內在世界的創造，就如同我們在外在世界中關注他人的福利。我們自身的健康及內在自性正處於利害攸關之處。

　　我記得曾經有個案例，案例的內在原型人物對這個女子的生命要求絕對控制，代價是她的陰性本質。這個女子接受我的分析，在她的積極想像中所浮現的大多是關於某個強大且有智慧的陽性人物。他為她提供豐富資訊與極佳洞察力，但是他也試圖除去她身為一個女性的基本本能。他試圖接手她的生命，犧牲掉她的本質特徵。

　　有一天，當她在進行積極想像時，他突然對她說：「把你的錢包和鑰匙給我。從現在開始，由我來保管。」在她的想像中，她依照他所說的去做，把錢包及鑰匙都交出去。

　　當她把這個情境告訴我時，我猛地一驚：「你絕對不能把錢包

和鑰匙給他！那象徵著你所有的資源以及對於生命的全盤掌握，如果你這麼做，等於是放棄了你的正當性，把你全部的意識只交託給你自己的一部分。你不能這麼做，無論他如何有智慧或是看起來是何等正確。只有**你**可以主導自己的生命；你不能把那個角色交給任何人。」

「現在，你必須再做一次積極想像：回去告訴他你要把錢包及鑰匙拿回來。告訴他你會聽他說的、尊重他，考慮他所說的，但是你不能把全盤人生都交給他。告訴他你需要為自己設想，也要自己做決定。」

在我的激烈反應之後，這個女子依照我建議的去做。她再次回到積極想像，對這個強大的陽性人物解釋。他理解這個原則，同意立刻將錢包及鑰匙還給她。

不幸的是，大概一年左右，在她停止分析之後，這個女子把自己完全交付給她的權力驅力。她讓這個強大的陽性存有完全接手她的內在世界，走上自我膨脹之路，後來變成一個自以為無所不知的人，對所有的人說教，試圖支配一切事物。

這個例子說明了，當你允許自己步上自我膨脹之路，著魔於原型力量，失去自我的獨立性時會發生的事。為什麼做出這樣的決定是倫理問題？舉凡你讓部分的你接管一切，同時讓其他的本能及價值都屈服時，這就是具有破壞性的。無可避免的，你的行為舉止以及你對他人的應對會因此而亂了套。

倫理一詞，以及我們對倫理行為的概念，來自希臘文所謂的「合宜舉止」這個字，本能地對應到希臘文的 ethos，意思是一個人或人們的「本質特徵或精神」。因此，從最深刻的觀點而言，倫

理道德意味著個人舉止的標準，這是對應於個體的真實內在性格。

　　倫理是統一體與一致性的原則。當人們表現出倫理的行為舉止，就是真誠努力，好讓自身的行為與價值觀一致。假若某人的舉止與其本質特徵大相逕庭，通常反應出人格的破碎性。正如榮格所說：「逃避倫理責任便會使一個人失去完整性、生活痛苦且四分五裂。」

　　目前為止，從我們討論的內容可以歸納出三點特殊元素來維持積極想像的倫理面向：

　　首先，堅持那些符合你自身性格及深層價值觀的立場與舉止，據此加入倫理元素。

　　其次，維持倫理平衡需要的是，不讓某個原型或是某部分的自己在犧牲其他部分的情況下接管一切。我們不能為了追求某個狹隘的慾望或是目標而犧牲核心價值。

　　第三，我們必須滋養、保存那些服務人類生命的特定價值，這些價值讓每日實務生活能夠持續，也讓我們的人類關係得以存續。

　　集體無意識的力量如此強大，我們的意識心智可能會突然受到原始洪荒之力所席捲，這份力量會衝向本能目標，完全不關注它對人類日常生活或是你周遭的人可能造成的影響。

　　無可避免的，強大的人物會出現在你的積極想像中，激發這個原始的權力驅力。它可能會強勢建議你放下橫亙在你意欲所得之前的一切顧忌，丟下「拖累你」的承諾及責任。這些想法往往會產生伸張自我意志的戲劇性幻想、對於一切作為的控制、面對家人或朋友時自行其是、無論如何都要他人聽從你的指揮。

　　當這樣的幻想興起，你相信自己可以處理所有的衝突、搞定一

切，所有的事不過就是小事一樁，只要對周圍的人發號施令、斥責那些擋路者或是反對者，堅持做你想做的事就成了。

這些極端的狀況之所以如此具有吸引力，是因為有些很真實，即使只有部分真實。在不能表明我們的立場，無論是對自己或是對周遭人們的時候，我們會經驗到無力的狀態。假若我們的意志薄弱，假若我們因為自身的衝動而被耍得團團轉，或是因為生活中常見的矛盾而停滯不前，不要太驚訝接收到從無意識而來的號角聲，把我們召喚到極端的對立面。我們被幻想緊緊抓住，以為單憑純粹、明確的權力和意志的行動就可以解決一切。但是，假使我們只是從字面上來理解這些訊息，試圖以原始、未經演化的形式來行動，就會跟匈奴王阿提拉（Attila the Hun）一樣莽撞，在我們身後留下慘遭破壞的景致。

在這樣的時刻，你的反應方程式中必須納入倫理價值觀，否則你會落入毀滅深淵，更極端的情況是**自我**毀滅。你的人生猶如荒涼沙漠，再也沒有人性價值或人類關係。

此時自我的關鍵任務就是反問，為公平與承諾等人性價值發聲。自我必須反問：「這個超越世俗的極端主義會對我的每一天帶來什麼影響？」無意識中有著令人無法招架，有時候也是非人性的本質，自我必須找到方法，讓這些非人性的無意識力量變得溫和、人性化。

假使從無意識中呼嘯而出的態度會破壞你的實際生存、傷害你與家人的關係、讓你在工作上惹出麻煩，或是讓你陷入權力之爭，那麼你有責任有權利反問，提出其他的倫理選項。

你可以說：「注意，有一些人性價值對我來說是非常重要的，

我不會放棄，也不會放棄我和家人、朋友之間的感情或是關係。我不要因為追求某些理想化目標而排除其他的人事物。」

我們清楚這必須是平等的對話，這意味著我們不僅僅需要對積極想像中與我們說話的原型表達敬意，從道德的角度而言，也要認知到自己與他們是平等的，因此我們能夠堅守倫理立場去回應、取得地位，讓它成為真誠的對話。我們不應該尋求主導，也不應該允許自己被支配。

在自我的層次中，對於倫理的核心需求是來自無意識本身的天性。我們會感覺無意識是非道德的，因為它所關注的是，活出的同時表現出心靈宇宙那強大、超脫個人的中心思想。集體無意識中的每個原型、每個力量都是道德中立的，如同自然的其他力量一樣。它無法對於所為或是所要求的一切設下道德或是倫理的限制，只有人類的意識才能考慮到需要保存的價值，必須在這個內在要求或是內在聲音之上設下限制，如此一來才能達到平衡，才能為生命所用而非削減生命。

原型帶著原始叢林中壓抑已久的本能力量突然衝入意識，宛如大自然中的野生動物，不在意人類的公平、正義等觀念，或是道德。它們服務的是本能領域：關注的是大自然的供應、演化開展，讓所有原型主題都能體現於人類生命之中。但是如何發生？可能造成多少傷害？過程中有哪些價值可能遭到踐踏？關於這一切，那原始原初的原型並不清楚如何關注。

原初的原型可以比擬為叢林中的獅群：當我們從獅子的野性觀點來看，牠們宛如貴族般行止。但是，牠們也是自然的非人性力量，有自己的法則，遵循大自然中非人性及非道德的律法，如果拿

人類對於憐憫、仁慈、對受害者、愛與接納，或是公平的認同等考量來看待牠們就是不適當的。

　　許多構成全人類性格的原型會展現為純粹、原始本能，像是狩獵、生存、侵略以及佔據領域等。假若這些本能是處在人性價值、關愛以及道德責任感的限制之下，就會是絕佳的優勢。但是假若它們是在沒有那些人性情感的情況下支配我們，就會把我們降格為野獸。

　　在積極想像歷程中來到我們面前的人物都有一些真實及智慧。通常每個人物都會帶出符合我們特殊需求的智慧，以平衡自我的偏頗，以及我們看待生命的慣性模式，但是一旦內在人格愈是全然認同某個純粹的原型，它會愈肯定採取二分的觀點，呈現出一種超出普通人性及常識界限的極端作為。

　　因此，在我們將無意識的「蓋子掀開」時，每個人的關鍵任務在於獨立且條理分明的思考，我們必須仔細傾聽真相，也就是隱藏在誇大、誘人且戲劇化的內在聲音驅力之後的真相。你必須把那個真相提煉成更文明、更人性、更能承接的事物，在不需要燒成灰燼的狀況下，就能整合進入普通人類生命。我們必須面對那個真相，找到屬於自己的倫理立場。

1　編註：本段引自 Jung, *MDR*, p192。

步驟四：儀式

所謂體現你的積極想像，意味著賦予它有形特質，把它從抽象、純粹的層級帶開，與你的身體、你的世俗生命連結。

積極想像的第四步驟相當接近於夢境工作的第四步驟。這並非巧合，常見的通則是，無論何時你執行任何形式的內在工作，讓內在工作帶出洞見或是解決方案，做些什麼好讓它更具體，具體的儀式或是某些事，只要是適合的，做點什麼整合到你的每日實際生活架構。

我們在先前夢境工作的章節中已經討論過這個步驟，此處不再詳述細節，你可以閱讀前面談到儀式的篇章，複習那個範例，套用在積極想像中。

關於第四步驟，一個重要事項說明：絕對不能**行動外化**（act out）。在心理學的術語中，行動外化意味著，本質上將我們內在、主觀的衝突及衝動帶出，試圖朝外且直接表現之。

在極端的臨床情況中，行動外化可能會表現在針對自己或是針對他人的暴力形式。不過，我們多數人的日常生活都有些許程度的行動外化，只是沒有覺察到。舉例來說，有個男子因為無法忍受自己某個決定而陷入與自己的可怕衝突，因而對妻子爆發，還試圖以大吵一架來解決衝突。

積極想像會喚起諸多的幻想素材，因此提供了一個機會。如果這個男子不小心，當他在積極想像的過程中與阿尼瑪爭論後，他會立刻與妻子爆發爭執，他會試圖從外在活出這個想像。

第四步驟所謂的體現想像，並不是字面上的意義，你真的將你的幻想化為行動，而是把你在想像中所提煉出來的**精華**，也就是你從經驗中所得到的意義、洞察或是基本原則，透過具體的儀式體現

出來，或是整合到你的實際生活裡。假若你無法區別，就會陷入麻煩、造成傷害。你絕不能在沒有消化的情況下，單以字面形式來理解積極想像的第四步驟，當成將幻想行動外化的許可。

當我們以極端的形式來呈現這個通則，真實性立見。舉例而言，假設我正在積極想像，我看見自己身處古代，手中拿著劍與敵人戰鬥。對我而言，這場比劍可能是我內在想做的事，但是顯然的，我不能讓這個想像成真，也就是拿把劍揮向讓我生氣的人。假使積極想像的主題與每日情境愈是接近，要看見當中的區別就會愈困難，同時，要將幻想行動外化的誘惑力也會愈強烈。

因此，我特別強調不該把外在真實人物的意象用在積極想像。你不應該在心中呼叫配偶、朋友或是工作上的同事等意象，也不應該在你想像中與那個真實人物對話。假使你這麼做，再見到那個人時，你會因為受到極端的無意識壓力，**實際**做出這個積極想像的行為。你在不由自主的狀況下，把想像的層次與外在現實層次混淆在一起，開始做出或是說出對他人來說不合理的事物：畢竟，他們沒有事先讀過腳本。

當某個你認識的人出現在想像中，你該做的事是停下來，將該意象的形貌加以改變，你甚至可以把這個轉變化為對話的一部分，你可以說：「聽著，我不知道為什麼，但是你看起來就跟辦公室裡讓我感到氣憤的那個傢伙一模一樣。既然我知道你是我內在的能量系統，請你改變你的外貌，我不要把我內在與外在的人物混淆。」假使你這麼做，內在人物幾乎都會配合，改變他或她的外貌，接著就可以明確地進入對話，知道是在和自己的某個部分說話，而不是和一個外在的人類說話。

還有另一個原因可以說明，為什麼使用外在世界熟識人物的意象進行積極想像是個糟糕的主意，那就是以前的人常會說的「法術」。我們的經驗清楚告訴我們，凡是在無意識層次的所做所為都會傳輸到周遭人們的無意識，對他們帶來非自主的影響。即便我們實際上並不在他們身邊，我們在幻想及想像中所做的一切都會透過集體無意識而振動，其他人在各自的無意識都能感受到。

　　因此，如果你採取了積極想像這樣擁有強大力量的工具，將無意識的全盤能量聚焦在某個特定人物意象，它就會開始影響那個人。即便你的意圖是好的，結果是操控他人，同時也是不可控制的：你無法精準預測可能的影響。對方可能會感到模糊的無意識壓力，在不明就裡的狀況下用不同的方式對待你。

　　同理可證，允許自己對某人產生很多幻想也是錯誤，除了被動幻想一樣沒有作用之外，也會給對方、你自己，以及你們的關係帶來不好的影響。假若我們不由自主地陷入關於外在人物重複出現的激烈幻想，我們可能會因此感到生氣，幻想要去斥責他或她。我們可能會在——說出讓對方羞愧的所有嘲諷話語時獲得極大滿足，或是我們可能墜入愛河，心中滿滿幻想，想像如何向心愛的人獻殷勤、兩人將如何的進展、從今以後將如何活在如夢一般的興奮熱情中。

　　首先，誠如積極想像，當你在心中持續不斷幻想關於外在人物時，無可避免的會透過無意識而影響對方。其次，沉迷在幻想當中對你也會帶來壞的影響，因為你被鎖在與對方的特殊模式之下。你被制約了，透過持續重複的幻想，以特定的方式看待對方，自動化的以特定的方式反應。這個自動制約反應，從客觀外在情境而言，

可能是完全不適當的。

因此，假使你內在對於一個外在的人強烈感受到什麼，無論是正面或是負面的，最好是從內在工作開始，發現自己內心主觀上怎麼了。接著，假若有任何需要跟對方說明的事物，最好是直接說明，讓常識及禮貌指引你，不要沉迷於使用那個人的意象進入積極想像或是幻想流。最重要的是，不要從字面意義來將想像行動外化。

積極想像的第四步驟是把雙刃劍，是必要的，但也不能誤用，否則弊大於利。在這個階段，我們需要運用內在所能發現的一切智慧及常識，我們必須實際做些事，但是不能行動外化，投射到外在人物或是對他人表現粗魯及苛刻。

最後，第四步驟是無法獨立於第三步驟的，也就是要加入倫理元素，因為正是你的倫理感設下限制，成為你行止的指引。

運用層次

一旦你開始把積極想像運用在生活中，你會驚訝地發現積極想像可以滿足廣泛的需求。它可能在某個時刻幫助你解決每日的煩惱，像是要把孩子送到哪個學校就讀，或是如何運用錢財等。在另一時刻，你可能活出你深藏於內在的神祕旅程。而在運用光譜的最遠端，積極想像變成神祕的宗教體驗。

我發現積極想像的運用可落在三個基本層次，端看使用目的而定：

1. 討價還價。
2. 懷抱無意識。
3. 經驗靈性維度。

討價還價，如其所名，是最實際的個人層次運用，這是當你需要與內在人格進行協商時所使用的想像，交換、妥協，有時候則是持續實際生活功能所必須的。假若將積極想像運用在「討價還價」會讓你感覺不是那麼體面？ undignified，這是因為它或多或少不是那麼光彩的活動：它是與個人內在部分露骨的討價還價，藉此達成協議，讓生活得以繼續向前。

所謂的懷抱無意識，則是我們積極試圖從無意識帶出還未探索的部分，好讓我們將之整合進入意識功能中。這個層次的運用在於熟悉我們內在未知的部分。我們到目前為止所提供的範例都是從這個層次著眼，這是積極想像的主要功能，也是多數人一開始進行心中抱持的目標。

經驗靈性維度則是當偉大原型的深刻經驗占據一個人的運用層

次。積極想像猶如意象的經驗，同時帶出宗教洞見。這是相當罕見的積極想像運用形式，不過有許多人都曾有過這樣的經驗，對此有所察覺是好的。

討價還價

討價還價是針對積極想像最實際、最務實的運用方式。首先要認知到自己是由許多不同的部分所組成，每個部分的你都有其需求、都要活出生命，也要參與你的意識生命。當你真的明白這一點，就能開始理解那些在每日生活中讓你惱怒的、看似「無解的」的衝突，實際上反應的是你內在那些不同部分之間的簡單爭論，這些部分對事物的看法並不相同。

有時候，當你無法讓內在相互爭論的兩個部分達成整合時，當你無法超越衝突時，它就會變成內部的協商，你勢必要做出某種妥協。

人們有時候會因為這樣的積極想像運用形式而退避三舍。用這項高等藝術在想要把工作做完的你，和想要夜夜笙歌的你之間找到妥協，這感覺太卑鄙或平庸了。但是現實就是如此，有時候唯一能讓你維持正常功能運作的方式就是適宜且誠實地討價還價，至少，這讓你內在那些未曾對話的部分得以溝通，最終整合。

我最初成為分析心理學家時，常需要在夜間工作，因為許多個案白天要工作，只能在夜間或是假日前來分析。這個工作行程並不是不好，因為白天可以空下來，不過由於某些原因，我對這樣的日程表感到滿滿的怨恨，畢竟我的內在某部分早已習慣把夜晚時段留

給**自己**，留給訪友、社交、音樂以及個人生活。

　　我內在孩子氣的部分對此感到憤怒，而無意識、非理性的怨恨也找到管道進入我的現實生活，我對個案感到惱怒，幾乎忘了約談的時間。當無意識的某個內在人物全然反對自我的安排時，就會發生這樣的事。

　　我把這個問題帶入積極想像，檢視內在對於工作行程感到氣憤的部分，心中浮現的意象是個被寵壞的青少年，他說：「不！我不要在夜間工作。那是屬於情感的時段，是享樂的時段，是屬於人的時段，不是工作的時段，就這樣！」

　　因此，我和他有一段很長時間的對話，我解釋了又解釋：「你想想，我們需要過日子，需要賺錢，否則會挨餓流露街頭，因為我們才剛開始進入這個專業，這個時候我們能夠接的都是那些在夜間或是假日才能來的個案。這是現實，勢必要如此。」

　　起初，他不願意讓步。我說：「你看，我們需要付房租。」

　　他說：「我才不管房租，我只想要找樂子，那就是我要的。」

　　我說：「但是我在乎房租。」

　　他說：「還真為難啊，那你就去擔心吧。」

　　我說：「假使你要破壞一切，讓我情緒起伏、忿恨不滿，我就沒辦法工作，沒辦法賺錢過日子，這些都會影響我的個案、我記不住事情、把約談的時段搞混。」這一切都是真的，當時的我基本上是一團亂，因為內在很大一部分都在反對我的工作。

　　最後我得掐住這傢伙的脖子，當然是在想像中，把他推向牆邊，說：「你必須聽我說，不然我們就有大麻煩了。現在，我們該如何妥協、達成協議？」

因此，接下來的討價還價得以成交：只要我每天晚上十點開車到公路餐廳好好吃一頓飯，一週幾次在個案離開後帶他去看場電影，他就同意在其他工作時間不煩我，讓我能夠平靜地與個案工作。接下來有好幾個月就這樣過去了，只要我讓他到外頭吃頓飯，偶爾看場電影，他就覺得開心，也能讓我好好工作。可是一旦某個晚上錯過在外頭吃飯，隔天這個少年就會煩躁不安，讓我對工作忿恨不滿、健忘。對我而言，這個傢伙竟然對我的心情及生活功能有這麼巨大的影響力，真是不可思議，但是他就是如此有影響力。

　　一直到多年以後，我才承認自己是被迫與內在的任性孩童做出這個骯髒的後台交易，感覺就像是浮士德與魔鬼的約定。但是事後回想，我能夠尊重這樣的對話、這樣的協商，以及與派系征戰的妥協。就某方面而言，相較於和諸神及大天使的高調對話，他們更有人味。他們讓人類生活架構得以維持完好，有時候他們會引領朝向最深刻的意識，因為那是符合人性、腳踏實地又直接的。

懷抱無意識

　　多數積極想像的運用模式是與無意識達成妥協，主要是透過把意象帶上表面、減低其自動化力量的負面效果、使它們意識化、與它們和平相處。

　　我們先前已經談過好些這類的運用方法，主要包括：清空自我心智、與自發出現的無意識內容對話、透過積極想像延伸夢境、在想像中與夢境人物對話、將幻想轉化為想像，以及將心情、感受及信念系統擬人化，在積極想像中活出神祕旅程。

在接下來的段落中，我會聚焦在積極想像的第二運用層次提供的兩項絕佳目的。第一個目的稱作「在棕樹城耶利哥（Jericho）城牆邊繞行」，第二個目的則是「活出未好好活過的生命」。

耶利哥城牆

這個所謂的「耶利哥城牆」法背後的原則，我們在下述的古老故事當中可以得到象徵性的說明：

耶和華曉諭約書亞說：「看哪，我已經把耶利哥……，都交在你手中。

你們的一切兵丁要圍繞這城，一天圍繞一次，六日都要這樣行；七個祭司要拿著七個羊角走在約櫃前。到第七日，你們要繞城七次，祭司也要吹角。

他們吹的角聲拖長，你們聽見角聲，眾百姓要大聲呼喊，城牆就必塌陷，各人要往前直上[1]。

這個故事指稱的事件必然是發生在基督生前一千五百年到兩千年，透過口述而傳遞至今。假若我們從象徵的層次而言，當中包含著絕佳的原型原則，是接近我們內在看似不可能的衝突的一種方式。

在這個出色的傳說中，人們群起對抗那幾乎是堅不可摧的屏障，面對的是當時的部落技術無法突破或是攀越的城牆。但是他們有解決的方案：進行單純的儀式，每天圍繞著耶利哥城牆行走。他們沒有直接攻擊，因為沒有任何直接的攻擊能夠成功。最終，在持續不斷的儀式性繞行之後，角聲響起，眾人大聲呼喊，事情發生：

城牆塌陷了。

　　我們的內在生命總是讓人感覺從一個耶利哥到另一個耶利哥的旅程。我們持續不斷地遭逢內在的障礙，就像是堡壘一樣，外有堅不可摧的城牆屏障。有時候，我們將之稱作**自主的情結**，因為它們完全處在意識心智的知識及影響力之外。我們只能透過它們在生活及情緒上所造成的破壞而得知它們的存在。多數的我們在生命中的某個時刻會經歷內在衝突，這些衝突將我們撕裂，看似無解，我們找不到前行之道、立足之地，以及可能解決的方案。

　　內在的問題看似如此困難，以至於我們不知道該從何著手，這就是內在耶利哥的例子。它就像是無意識內部那個被城牆包圍的城市，是意識心智無法穿透的空白區塊，是個人無法理解的部分，遑論要去處理。可能是你無助愛上某個不可得之人，或者可能是某些無法打破的慣性行為模式，對你的健康、工作及人際持續造成傷害。問題就在我們的身上，但是我們無法了解、無法掌握，無法找到任何方式與之直球對決。

　　在這樣的情況下，耶利哥城牆的故事就是這個心理歷程的象徵性解方。盡可能認知這項衝突是什麼、你的探究焦點為何，接著繞著那個自主的情結，從每個角度檢視，透過儀式性的內在工作來引出心理能量，就像是耶利哥故事中的繞行儀式，直到最後城牆坍塌。

　　我們有各式方式繞行耶利哥，只要你把能量聚焦在城牆圍繞的內在城市，進行儀式。透過將心中的意象帶出而把內在衝突擬人化，與他們對話。邀請他們走出城牆，發掘他們是誰、為何與你作對。

針對這個繞行耶利哥城牆的技術，積極想像特別有幫助，不過這個技術實際上是個合成的技術：主旨在於將各種形式的內在工作、各種內在劇本帶入想像戲劇中。一個人會使用各式可能運用的技術，那些能夠將能量聚焦在自主情結的技術，持續直到最終穿透情結與意識心智之間的屏障。我們擷取心中的幻想，藉以處理問題，把他們視為深層內在象徵而加以分析。假若有適合的夢境，就做夢境的工作；接著把夢境延伸至積極想像，看看它會帶你到哪兒。

　　舉個例子，假設你發現自己已經好幾天都鬱鬱寡歡。你不了解，不清楚這憂鬱是打哪兒來，也發現周遭無辜的人們因此而遭殃。這憂鬱就是你的內在耶利哥。

　　那你該如何因應？首先，將憂鬱感擬人化。進入你的想像，找尋能夠代表憂鬱的人物，也就是意象。現在開始耶利哥城牆的繞行，和你的憂鬱說話。繞行憂鬱，從每個角度檢視。和積極想像中出現的人物說話，找出它們能告訴你關於憂鬱的什麼，那憂鬱是什麼？從哪兒來？通常憂鬱是要平衡膨脹，但是它要平衡的是**什麼膨脹**？針對這一點，他們知道些什麼？或許他們其中一個會承認它就是你內在那個感到憂鬱的，可以詳細告訴你到底他或她對什麼感到憂鬱。

　　除了進行積極想像之外，我們也會關注幻想及夢境。我們把每個夢境意象、幻想意象，以及每個在我們腦中出現看似與內在耶利哥有關的想法都記錄下來，最重要的是，我們持續進入內在角色，日復一日，和他們說話。帶出你的感受、要求資訊和指引，願意犧牲那些由憂鬱所補償的膨脹、自負或是其他超乎現實的想法。

誠如傳說中的約書亞，你要每日繞行內在城牆，一天進行積極想像，或許當天不會有戲劇性結果出現，但是你已儀式性繞行，你已經在情結中投入意識能量。隔天，針對那個主題可能會有強烈的幻想浮現，你可以秉持對待夢境相同的態度去記錄並分析，運用象徵去了解無意識深處發生的事。隔天早上，你可能會做夢，因為你已朝內在耶利哥投入相當多的能量，可以假定你的夢境是因應這個主題而生，因此那一天，你透過夢境工作所組成的素材繞行耶利哥城牆，或許夢境會出乎意料讓你知道耶利哥到底是什麼。

每一天，透過某種形式，持續繞行這個自主情結的城牆。最終，城牆會倒塌，你開始了解城牆那兒有些什麼，以及針對那個情結該做些什麼。

此處發生作用就是**積累能量**的其中一項原則。一個人持續投注能量，將意識能量倒入這個內在情結，直到最後這個情結必須打破。戈爾迪死結（Gordian knot）解體了，那看似堅不可摧的城牆倒塌了，情結最終變成可為意識穿透的。一個人走入城牆圍繞著的城市，發現是內在的哪個部分活在那個城市，以及為什麼那部分會對自己宣戰。

這項神奇歷程的前提是我們不期待出現立即的結果。有時候，的確會有驚人的結果迅速出現，但是請記得你所處理的是內在全然封住的部分，是意識所無法穿透的部分，也許已經過數年封鎖，我們必須給予這個歷程一些時間，堅持繼續下去。

在古老的聖經故事中，上帝指導約書亞繞行城牆整整七天。數字七象徵著內在時刻的完整循環，是意識全面發展所需要的內在時間。你的耶利哥經驗會需要七個**內在單位**的時間，這是你展開對內

在耶利哥的真誠意識過程中所需要的。從外在觀點而言，可能是七天、七週、七個月或是七年。

可以確定的是：一旦你開始了，每日繞行城牆，終會找到解決方案。你不需要被動的受苦，可以有些作為。你可以請求內在力量的幫助，開始繞行。神奇的是，你唯一需要做的就是繞行。你只需要投入能量、施行儀式，結果就會出現，無論你覺得這有多愚蠢，無論你在面對內在情結時覺得有多虛弱或是無能，你繞行、繞行、再繞行，城牆就會倒塌。

通常會比你預期的更快發生。我親眼見過好些人，帶著英雄的勇氣開始這項高度集中的技術，打定主意，甚至與之糾纏二十年，為的就是克服這個無解的問題，最後發現，不到三、四天的深度努力之後，問題就解決了！

但是，其他的耶利哥可能比較困難，都是深刻埋藏在無意識的問題。某方面而言，它們可說是與我們多年同在的「人生問題」，實際上也是我們成長所需要的。它們讓我們受苦，但是也回饋我們成熟和個別性。

針對這些「人生問題」，繞行耶利哥城牆就是確切的解方。假若你把生命中那些最折磨你的事物加以擬人化，讓它成為你的「耶利哥」，在積極想像中繞行那個耶利哥，你就能讓問題發展為意識及成長的根源。你會學習到問題及困境才是我們真正的朋友，我們所受的傷將轉化為療癒的泉源。

活出未好好活過的生命

積極想像的最高級使用方式之一就是達到某個層次，讓我們得

以經驗未好好活過的那些部分。

我們都是原型、能量及潛能的豐富混合體。對我們而言，因為內在有些可能性看起來「不好的」或是低劣的，因而從來沒有活出來。我們的自我傾向於把那些無法理解的事物都歸為「不好的」，自然而然的，我們會避開檢視那些讓我們感到不舒服的內在事物。但是，假若我們能找到自己的方式，繞過自我的偏見，我們會驚訝地發現許多未好好活過或是被壓抑的特質，最後都會成為我們擁有的最優勢力量。

我們之所以有如此多的「未好好活過的生命」，主要原因在於人類生命沒有足夠時間讓我們經歷內在潛藏的一切可能性格、天賦、職業及關係。

我們在人生路途的某一刻都會做出選擇。一個男人可能覺得自己有鋼琴演奏家的天賦，但是也頗有商業頭腦，他順著企業晉升的階梯攀爬向上、循著商業世界的規則來形塑生活，供應家人所需，但是由於內在的藝術家仍沒有時間活出外在生命，依舊會以潛能形式存在。

相同的，一個選擇成為商業人士的女子可能在多年之後，某天醒來時發覺部分的自己渴望當個家庭主婦在家照顧孩子，或是發現部分的自己想要選擇宗教生活，當修女或是過隱居靜修的生活。

在積極想像中，我們可以進入這些未好好活過的部分，有意義地經驗它們。相較於我們外在活出大多數的生命，從象徵層次活出是有可能的，而且能讓那些未好好活過的部分感到滿意。上帝及自然似乎不介意我們是如何活出內在的潛能。假若我們是朝外活出它們，很好，只要是帶著意識的經驗都好。假若我們朝內活出它們，

在象徵經驗的層次上，它通常會更深入、更強烈，也能帶出更多的意識。

即便是十輩子也不可能有足夠的時間與我們深愛過的每個人結婚、追尋我們喜愛的各種職業及興趣，或是完全活出內在潛藏的人格個性。但是，一旦我們忽視這些未好好活過的可能性，它們就會變得酸楚，可能會以拙劣的方式為自己發聲。我們可能會呆坐著多愁善感地想「可能會是如何如何」，或是心生怨恨，責怪運氣不佳或是他人從中作梗，否定了我們成為英雄、富豪及名人的機會。

無論其他的生命選項是什麼，你都能夠活出它，只要你願意以從內在經驗的方式來活出它。在夢境及想像中，你可以進入未好好活過的生命，發掘當你依循那條路，而不是你選擇的這條路時，那會是什麼樣的感覺。你可以在積極想像中經驗其正面及負面，很可能會發現它並不比現在的生活來得美好，重要的是你經驗它，因為整體自性內在所有的關鍵能量必須以有意識的方法活出來。

我認識一個男子，有著強烈的宗教志向。雖然他從未正式成為教會的牧師，從實際生活的各面向而言，他活得就像僧人一般。他維持單身，過著隱居生活，每日專注在內在世界禱告、沉思及靜修中。在此同時，他在自己的拉丁大家庭中扮演著相當重要的功能：讓宗教存在於家人間，也是家人需要內在世界的智慧時會前去尋求幫忙的心理諮商師。

幾年前，男子身上發生了一件相當驚人的事情。有個晚上，他夢見自己身處義大利，他和豐腴性感的義大利妻子、孩子們住在村莊裡。這個夢境本身並不讓人驚訝，但是在接下來的每個晚上持續出現，週復一週，持續了好幾個月。

每晚，他在夢中回到相同的村莊，回到妻子及家人那兒，過著扮演丈夫及父親的完整生活。他深愛妻子，和她並肩照顧孩子，努力工作養家。他出門工作，肩上頂著大袋的食物回家餵養飢腸轆轆的孩子們。他經驗每個父親都會經歷的喜悅及感傷，和一個女子共同生活共同養育孩子。夜復一夜，長達一年之久。二十年的家庭生活全都壓縮在那一年的夢境中！

　　白天的時候，這個男子是個安靜沉默的單身漢，在加州過著退隱生活。夜晚時分，他活在義大利村莊，說著義大利語，教訓孩子、為帳單操煩、在庭院植花、與妻子交歡、與她口角、和鄰居吵架、和家人一起望彌撒、帶家人出遊。每天早上，他都會帶著居家男人在經歷艱苦生活之後的疲憊感而起床。

　　這個男子漸漸習慣做為一個父親的生活，滿心期待每天晚上看見他的孩子，經歷新的冒險。接著，突然間，某天晚上的夢境中，他的義大利村莊生活來到了終點：

　　我再次努力工作，照顧我的家人。我正在清理某棟老舊建築物的碎石瓦礫，或許是一間房舍或是年代久遠的牆垣，在好幾世紀之後已然坍塌。那是已經坍塌了的古老石塊或泥土建物，可追溯到遠古時期。

　　我在工作中發現碎石塊底下一株老玫瑰，被壓在坍塌的石塊下多年之久，看起來就像是死了一般，甚至已經化成石頭了。我知道這棵老玫瑰在這片土地上很久了，甚至在村莊形成之前，就已經在這兒了。它帶著生命的力量、生命的承諾，以及代代延續的家庭及村落生命。

不知怎的，我感覺它仍未死去，依然活著。我虔敬地拾起這株老玫瑰，帶回我家花園。庭院中的花園有著完美方形的外型，房舍牆垣圍繞在四周，是西班牙風的摩爾式建築（Moorish style）。我在花園正中心空出一塊地，給這株玫瑰。所有的人，包括我的妻子及孩子們都嘲笑我，說我又變成了滿腦子幻想的唐吉軻德。他們說被壓在礫石堆中數百年之久的玫瑰是無法重新活過來的，但是我很確定它活著，堅持要將它種下。

　　我細心地備土，把玫瑰放在它所屬的位置，覆蓋上土壤後為它澆水。過了一段時間之後，這株玫瑰就在我的眼前活過來了，綠葉伸展，接著一朵完美的紅玫瑰出現在眼前。

　　這個美麗的結局讓我們得以看見，當這個男子在義大利村莊過著未活過的生活時，一路上有什麼是岌岌可危的：自性，他存在的整體感。玫瑰是原型自性的最佳象徵，在拉丁教會中，玫瑰與聖母及聖子是聯想在一起的。自性是在個人生命中心綻放的古老玫瑰。這個男子透過活在古老村莊，活出古老的居家男人角色，把自己內在截然不同的部分結合在一起，這個原初的內在合一狀態在他個人的靈魂裡綻放。

　　如你所見，這個男子的內在流著兩股非常強大的能量，其一是成為隱士的驅力，奉獻於對上帝的沉思；另一則是成為精力充沛的熱血男性，和妻子及孩子一起經歷生活中的種種。白天，他在清醒的世界活出本性中的一面，夜間，他在夢境的國度完整地活出另一面。最終夢境的那株玫瑰，讓他看見身為居家男人的夜晚生活啟示了另一種沉思上帝的方式，另一條前往最高意識的道途。

我們同樣可以透過積極想像，完整完美地活出那未好好活過的生命。

　　我曾經住在可以遠眺大海的崖邊屋舍，有階梯可以往下走到海灘。每天早上，我會穿上外套繫上領結，開車前去位在聖地牙哥的辦公室。我有份獨立自主的工作，個案們排隊等候見我、有棟舒適的房子及一群好朋友。我應該要對此感到心滿意足，或者我以為自己是心滿意足的。

　　但是在某個時刻，幻想從我的意識邊緣悄悄溜入心中。我會站在房子外頭，看見某個「沖浪懶鬼」走過，那些傢伙整天帶著衝浪板待在海灘，整個晚上和「衝浪女郎」坐在營火前。他們喝啤酒抽大麻，就我眼所能及，他們從來沒有穿過西裝外套打領結，沒工作過，從來不需要擔心帳單要付或是其他的事物。

　　我突然幻想著，從無意識不請自來：「假若我在專業上有點輕率，我就可以被趕出教會、被逐出心理學家的專業位置，變成不負責的開心懶鬼，就像那些整天在海灘上的傢伙。」

　　我把那些幻想從心中甩開：那太愚蠢了、太傻了，也太糟糕，不值得認真考慮。但是，不同版本的幻想持續不斷回到心中，最後我認定無意識試圖要我看見某些部分，所以我把這個幻想當作積極想像的一部分。我採取了兩個方式：一部分是和內在那個「海灘懶鬼」對話，一部分是我真的**去了**那兒，到海灘上和那群年輕男女閒聊，加入他們的營火、派對、衝浪、游泳，以及那陽光普照的日子，除了嬉戲之外，就沒啥事可做。

　　我和我內在「海灘懶鬼」的對話如下：

海灘懶鬼	看吧，你過著穿西裝打領帶的生活，你功成名就，你演講授課、受到尊敬。你擁有財富，你有棟在海邊懸崖上的漂亮房子，但是你不像我一樣開心！
羅伯特	嗯，也許吧。
海灘懶鬼	現在，看看那些整天待在海灘上的男男女女，你心裡忌妒他們，他們曬得黝黑，過著完全感官、物質的生活，不需要擔心收支平衡。他們是開心的，**他們**是真正**開心**的一群人。

　　就在這一刻，我心裡評價的那些受人尊敬的專業世界，還有我的西裝領帶開始崩解了。對話繼續，愈來愈糟：

海灘懶鬼	看吧，只要你使用大麻被逮，不繳納房貸分期付款，就會被趕出那間豪華房子，你可以到這裡和我們一起住在海灘上。你可以在海灘上夜夜笙歌，白吃白住，我會教你怎麼從毒品賺錢，你可以和我們一樣開心。

　　你現在應該明白為什麼我們通常不喜歡面對這些內在的可能性了吧！這時，我回應：

羅伯特	可是我喜歡我在懸崖上的房子，我也喜歡前來的訪客。他們早晨起床時可以聽見海浪的拍打聲，很美，我不想放棄它。我也喜歡我的工作：喜歡當人們認真看待分析時在那人身上發生的一切，以及他們在意識層次真正的

改變。我喜歡當人們覺醒於內在世界時所感受到的興奮激動。因此,雖然我的專業有時候可能無聊,但那是經驗某種高貴美麗事物的一種方式。

海灘懶鬼 但是你不是對個案感到心煩又厭倦嗎?你不是對責任感到心煩又厭倦嗎?你不是對於傾聽他人的抱怨感到厭倦嗎?

羅伯特 有時候是的。但是,也有一些真實、有價值的事物,我不應該就這樣摧毀掉。同時,我也喜歡靠正當的收入過生活。我喜歡銀行裡有些存款,能夠在朋友有困難的時候幫上忙,或是就只是知道我不需要日日擔心下一餐要打哪兒來。我想要依靠我自己,我不想白吃白住依賴他人或是到處尋找食物或棲身之處。

　　我想歷史學家湯恩比(Arnold J. Toynbee)可能會說,這裡顯現出西方歐洲的兩個偉大原型,再一次在我個人靈魂的原初層次一決勝負:一方是安定的地主與都市居民,打下根基、追尋安全感、在安穩的社區過生活;另一方則是遊牧民族,在加州索拉納海灘(Solana Beach)漫遊,雖然不是在蒙古的大草原,依然是居無定所的,在營火堆前過活,拒絕受困在固定處所、固定工作或是責任上。

　　我碰觸到內在相當深層的事物,部分的我想要獲取穿西裝打領帶的世界之外更多的事物。在這個內在的海灘懶鬼面前,我滿身大汗,我不自在地扭動身體,我感到害怕,覺得自己真的能變成那個心中想要成為的「懶鬼」!這就是所謂的真正的積極想像。當你與

內在的真實部分接觸時，你會感到威脅、恐嚇，你的兩腿發抖，滿身大汗又顫抖不已。但是，你是安全的，因為這一切是在積極想像的控制實驗室中進行，你可以冒平常不敢冒的險，面質那些原本可能已死去的事物。

這次積極想像的最後結果是，我與「海灘懶鬼」的自己和解。我不需要以身試法，讓自己被踢出受人尊敬的社會；我不需要污辱「體制」，那只會讓我失去房子的贖回權或是與朋友疏離。但是，我的確需要正視我內在潛藏的未活過的「生命」，等待在**某些適宜的層次**活出來。首先，「適宜的層次」就是積極想像的層次，但是從那時候開始，我發現了能夠與外在具體生活相結合的其他層次。我發現休假去朋友在博雷戈沙漠（Borrego Desert）的小木屋時，內在的那個海灘懶鬼就會異常開心。我喜歡在陽光下、在仙人掌叢、在土狼出沒的地方遊蕩，我發現自己身處酒神戴奧尼索斯的國度，遠比海灘遊民所能找到的更真實、更開心的國度。

當我前往印度的時候，我內在這個戴奧尼索斯、感官及游牧民族的特質得到的滋養是如此愉悅。在那兒時，我活在實體的世界，由陽光、景象、聲音及我深愛的人的部族連繫所組成：和多年前在積極想像歷程中進入的內在「海灘懶鬼」相比較，我所觸及的是更進化也更完整的潛在可能性。假若你前往內在的「海灘懶鬼」或是內在的「流浪漢」，讓他們有機會存活，你最終會發現這個懶鬼實際上是個僧侶（sunyasin），一個遊走四方的托缽僧人所偽裝。原先如同遊牧民族般的四處遊歷也就成了一趟朝聖之旅。

洗衣婦與瓜達露佩聖母（Lady of Guadalupe）

　　針對活出未活過的生命這一點，我要說一個來自墨西哥的傳說。這是瓜達露佩聖母顯像的故事之一，墨西哥最受尊崇的聖母顯像。你或許覺得這故事是編造的，但是如果你把它當作寓言，它就是帶著象徵的訊息。故事是這樣的：

　　許多年以前，有個年輕的女子成為修女，住在修道院。修道院又小又簡陋，規矩也不夠嚴厲：不知怎的，一個俊美的年輕男子想方設法在大門閒晃，透過柵欄吸引了這個修女的注意。隔天晚上，當她在修道院內禱告時，她望向另一邊的柵欄，年輕男子再度出現，帶著愛意及崇拜的眼神望著她，她因此停下了禱告。她試著專心禱告，但是就是無法繼續。

　　在那之後，她滿腦子想的就是那個年輕的男子：他的臉龐、他的髮絲、他的雙眼。隔天，她不小心但有意地發現自己就站在大門口，他偷偷地遞給她一張紙條：「子夜時分，走到你的窗前，我會去找你。」

　　她無法抗拒。儘管帶著滿身的罪惡，對於自己所做感到極度恐懼，害怕激怒上帝，但她墜入愛河，被他迷住了。因此，她在窗邊等候，走下梯子，走入了禁忌的世界。

　　有好一段時間，她都活在浪漫、愛戀及情慾的天堂。但是，美夢最後變成了一場噩夢。她的愛人長相俊俏、迷人且熱情，但卻是不負責任的。他並未照顧她，讓她懷孕，最後還拋棄了她。隨著時間流逝，她的生活日益悲慘。她飽受病痛之苦，孩子死了，最後淪為妓女，既孤單又悲慘。她渴望回到修道院的純真時光，那永遠失去的生活。

多年之後，她又病又老，感覺死亡即將來到，心中唯一想要的就是回到深愛的修道院度過有罪生命中不足取的最後時日。但是該怎麼做呢？她無法告訴修女們自己是誰！最後，她找到修道院院長，獲得女清潔工的工作。

因為飽受時光及病痛的蹂躪，修道院中沒有人認出她。每天，她刷洗小房間及小教堂的地板。讓她驚訝的是：不知為何沒有新的修女搬進她的房間，那裡就和她多年前離開時一模一樣。為什麼？她心想，但是不敢問任何人。

在辛苦工作多日之後，對她來說就像是懺悔，她發現自己身在小教堂的地板上，在刷洗磁磚的同時，她在心中檢視自己的生命片段。她抬頭望向瓜達露佩聖母像，聖母披著宛如夜晚星空的藍色披風，上頭閃爍著星光。讓她感到驚訝且驚恐的是，雕像就在她眼前活過來，她看見活生生的聖母。聖母從祭壇上走下，站在跪著的清潔婦面前，她等待著接受譴責以及永不被救贖的命運。

然後，聖母說話了：「你難道不知道這些年來，我一直在修道院接替你的位置，等你回來？我每天替你站在唱詩班、每天用餐時就坐在你的位子上，幫你完成你的工作。除了我之外，沒有任何人知道你離開了。你從來就沒有停止作為一個修女，現在你會從你原先離開的那個位置重新開始你的生活。現在回去吧，回到我幫你保留的你的位置。」

她照做了。

假使我們把這個傳說視作象徵，它表現了一個絕佳的原則。無論我們在生理上過著什麼樣的生活，牧師或是修女、商人或是職業女性、丈夫或是妻子、母親或是父親、穿著西裝打著領帶的專業人

士或是各種勞動工作的人，我們每個人內在都有許多生命可能性等待著我們，等著活出來，有意識的得到敬重。

假使你是個修女，你可以恰如其分地進入積極想像、進入內在世界，活出你內在未活出的一切潛能。你可以走下梯子，看看世俗世界的樣貌，尊重它本來的樣子。因為無論你在那兒經歷多少次的內在時光循環，聖母都會代替你站在唱詩班的位子上。當你回到你的小房間，沒有人會知道你曾經離開，上帝相當能理解這些事。假若你是個牧師，需要離開，需要進入內在私密與妻子及孩子在義大利村莊生活，經歷那一切喜悅、悲哀以及責任感，那麼那些都能透過積極想像而對你開啟。

反之，假使你是過著全然世俗生活的人，結婚、養育孩子、忙於生意，你可能會發現有個牧師或是修女祕密地活在你心中，一份潛藏、延遲的重要能量。你可能會在積極想像中進入內在的修道院，找出方法活出靈魂的那一面。假若那裡住著偉大的英雄或是女英雄，需要前往文藝復興時代的王國，為了拯救皇后而掙扎受苦，你也會找到那部分的自己，以及需要活出一段時日的神話之地，在積極想像當中活出這一切。

無論我們是誰，我們的自我生命都只是部分的系統，我們的內在藏著大量積累的未曾活出的生命。無論你成就過什麼、無論你去過哪裡或是經歷過什麼，總有更多的生命可能性。

經驗靈性維度

積極想像的第三個層次非常近似人們所稱的異象（vision）。

要討論這個層次是困難的，假使我們過於心理、分析的，就會錯過這種經驗的真正力量及其意義。但是，一旦我們使用那些用來表述的詩意及宗教語言時，又會把它與普遍認知的「異象」假設及心靈經驗混淆一起。

所謂的異象經驗，是中世紀時代神祕學家所稱的聯合（unitive）異象爆發進入一個人的意識。可能是一個畫面或是一組事件，透過想像力佔據了人，這樣的力量讓我們真正知道且經驗自性的真實聯合。我們會經歷短暫的看見，一瞥真正合一、美麗及生命的意義。

當這些經驗出現時，通常會帶出強大的影響力。在經驗的隔天，或許我們就會失去顯像的強度，或許又回到與他人的爭吵、陷入生活中的芝麻小事。但是，這些異象經驗會以某種形式在深層次的無意識態度上工作。遲早有一天會帶出先前所沒有的信念，先前不存在的對於生命意義的知識。

這樣的經驗不應該是主動找尋來的：假使你把它看作是某件對於成就的追求，就會傾向於製造出「靈性的」經驗以擴張自我。你可能會被拉入神祕主義，從意識中被帶開，為了興奮或是新鮮而去找尋這樣的經驗。

最好的方式就是心懷謙遜做內在工作。當你做足了，在無意識中投入足夠且適宜的能量，異象經驗就會不請自來。如果它沒有出現，表示你並不需要它，這不是一場攸關高級「榮譽」的競賽。不過，因為這樣的經驗通常會找上那些規律從事內在工作的人，對此有些覺察是好的，也能夠在發生的時候知道如何面對。

這個層次的積極想像所表現出來的真實樣貌，會在我們最不預

期的時候出現。可能是你走在再尋常不過的馬路上，突然間你發現這條街道、這些建築物以及周圍的人們都轉變成自發出現的異象。在異象中，你可能看見「生命的街道」，全部人類種族、上帝的創造物等都化顯為生命的永恆之流。人行道及建築物本身並沒有實際的改變，但是積極想像在意識層次爆發，生成一個含括外在物理環境的異象。它們成為某種超越、永恆的事物表徵。

　　我曾經有個個案，某天早上開車上高速公路去工作。早晨的陽光從東方天際升起，突然間，這些經驗找上了他。太陽成為一道日輪，帶著向外散發的輻射光，生命的無數形式及人類所關切的各式活動就此誕生。他全神貫注在前方的日輪，以至於必須把車子開往路旁，停下車直到積極想像結束，再度回到外在有形世界。看著日輪的當下他明白，生命中所有的聚合離散及生活周遭的混亂，都是出自也會流回那唯一的根源。在那一刻，他明白了世上唯有合一，萬事萬物也只能是合一的。

　　假如你談論這些事物，聽起來就像無意義的陳腔濫調、多愁善感、老生常談，但是當這樣的真實從無意識深處自發出現時，當一個人視為從內而生的意象，就能夠感受其真實性。我們不再需要從別人那兒聽到或是試圖對任何人證明其真實性。從這一刻到另一刻，你從自身的經驗中就能明白。

　　這或許就是異象經驗的本質意義，因為這正是積極想像的核心：**從你自身的經驗學習**生命深刻真實的方式，無法透過文字從一人傳輸到另一人身上，只能透過個體自身與集體無意識連結時才能真誠知曉。就這個意義而言，我們只能學習那些在無意識層次已知的事物。

當齊克果（Kierkegaard）說沒有人可以把信念交給另一人時，他要表達的就是這個原則。他的意思是，沒有任何教導、沒有任何文字，無論是格言或是何等甜美的文辭或何等理性的論點，都不能表述信念蘊育的經驗。有種知識及信念只能從經驗而來的。我們必須深入檢視內在深層才能發現它們，因為它們不能從別人的二手經驗得到。每個人都需要直接進入源頭。

當異象不是被經驗為內在的想像事件，而是發生在外在有形世界的事件時，就可能產生誤解。這是原始人類的普世經驗，也是過去數世紀以來人們對於「異象」的傳統理解。人們相信是外在的神靈或是生物出現在他們面前，他們把這些意象經驗成彷彿是自身之外的準物質存有。

事實上，異象經驗是一種想像經驗的形式，是無意識所湧現的另一種意象。這些意象不僅投射在內在心智，也因為如此強烈，以至於向外投射顯現成直接發生在「外」。

在你進行積極想像一段時間之後，假使你經歷到這樣的異象，你會明白它與積極想像及夢境的相似處，因此結論認為這是積極想像的經驗，在這個經驗中意象顯然是以客觀的方式表現在你面前。

另外一種形式的異象經驗可以稱作**感知朝內**的異象。一個人會經歷相同鮮明且強大的意象經驗，但是清楚知道這是朝內發生的，是在想像的層次上。你清楚知道自己是以「心智之眼」看見，在自己內在看見。這當中沒有一丁點的疑惑，因為你沒有幻影或幻覺，認為自己是在看外在的有形事件。

其中一個例子就是，在夢境之後出現的我先前經驗的內在獅子的積極想像。最終，想像的行動在它們的力量中成為異象。然而，

與內在對話：夢境・積極想像・自我轉化

我清楚明白這一切都發生在我的內在。但是它所呈現的立即性，這個生物的**存在**以及意象的力量是如此強大，幾乎就和那頭獅子一樣像是有形的存有。

聖海倫火山（Mount Saint Helens）上的精靈人

我想要談談多年前所經歷的異象經驗。當時我還很年輕，還不是很了解這類經驗。那個內在異象需要得到我的關注，不請自來，在我離開美國西北岸多年後，一天，當時的我腦中滿是世俗事物。

有天晚上，我在聖海倫火山旁升起了營火，在火山爆發之前，童年時期的我在那兒有許多年的暑假愉快回憶。黃昏時分，我蹲跪在營火邊，入神看著營火。時至今日我還清楚記得那天的晚霞光彩及當時心中的感動：橘紅色的營火、深藍色的天際晚霞，以及泛著紫灰餘光的山巒起伏。我感到愉悅、美麗、平靜，同時帶著期待。

一個年輕人，大約是我的年紀，走上前來站在營火另一邊。我蹲跪在營火邊，他安靜地站著，我們就這樣望著彼此很長一段時間。我依舊沉浸在隨著營火光澤帶來的喜悅之中。

接著，我大感驚訝地發現火焰開始移動到精靈湖（Spirit Lake），就在遠處的山底，火焰在靛青色湖水中燃燒轉變成微小的橘紅火光。接著，燃燒的火焰再度回到我眼前，這個年輕的男子上前一步，走進火焰當中。他把火焰吸納進入血流，如此一來，血管中所循環的是火焰而非血液。我們就這樣站著好些時候，我心懷敬畏地看著眼前所發生的一切，接著他說：「過來這裡，我要帶你看看世界是如何誕生。」

我們前往遙遠的地方，直到地球甚至是太陽系都變成遠方的

一小把火光。他讓我看見螺旋旋轉的星雲，那是一大團不帶生命力的無形物質，能量遠甚於物質，緩慢的旋轉……如此緩慢地旋轉，彷彿有著永恆無垠的時刻讓它旋轉演化。它在我眼前慢慢地旋轉合一，聚合、減量、收納，直到巨大的星雲形成一顆鑽石。這顆鑽石巨大、多面，中心有束光源，散發出光線及色彩，直到如今我都還能清楚記得。

在注視的當下，這個年輕人把我的眼光導向鑽石。鑽石的北端噴爆能量流，流向南端再吸納進入，因而散發出循環流動的光束，從上頭沸騰而出，再通過底部重新吸收。光線的色澤得到強化，光線所散發的刻面加深。接下來，出現了物理上不可能出現的情況：中間部位開始分裂，當整個系統如同星球一般持續旋轉，分裂的兩半開始從相反方向旋轉，同時仍相互碰觸，投射出光束及色彩。

當時，我所站的位置與精靈人隔著一段距離，我做了一件事，即便是現在回想起來都覺得尷尬。我轉身拉扯他的衣袖，沒有禮貌地說：「很好，但是有什麼用呢？」

我當時正看著重要的事物，但是身為務實的美國人，我必須找到功能或是實用性來證明事物的正當性。我再次扯了扯他的衣袖，說：「這有什麼用呢？」

精靈人帶著厭惡的表情望著我：「**什麼**用處都沒有，看就對了！」我無語。我們看著眼前所發生的，我感覺那色澤、那光、那無垠的能量及體積聚合成鑽石般的密度與亮度，永遠刻畫在我的記憶當中，幾乎進入我身體的物質細胞。

接著，他將我帶回，我再度蹲跪在營火前，他再次站在火焰當中。接著，他向後退，讓火焰從他的動脈中流回地面上的那堆營

與內在對話：夢境‧積極想像‧自我轉化

火。火焰再度向下回到精靈湖底部，繼續燃燒。接著，火焰再度返回。這個年輕男子不發一語，轉身回到原先出現的那層暮色光影，這個異象就結束了，我發現自己也回到「正常」的世俗的有形世界。

很難明白對於這樣的異象，我們到底該做些什麼。我認為答案就在於經驗本身：什麼都別做。不要試圖轉換成某種「務實的」事物，或是自我心智覺得有道理的事物。只要觀看、經驗，在那兒。

部分的我想問：「但是這不是應該改變些什麼？成就些什麼？或是有些實際運用？」我們並不需要從任何務實層次來評論異象經驗。但是，既然生命的每個面向最終都會流回唯一的現實，我們終究會學習到它們自身的務實、對人類的影響。一旦它的整體力量返回，進入我們的生命，它們的確會改變我們，在每個深入部位形塑我們的性格，決定我們在這個經驗的五年、十年或二十年之後，會成為什麼樣的人。接下來，這份巨大的力量就會轉換成微小事物、日復一日的行為、態度，以及我們在日常生活中所做的每個選擇。

榮格相信上帝需要人類作為中介，作為造物的肉體化身。正如托瑪斯·曼（Thomas Mann）在《約瑟夫和他的兄弟們》（*Joseph and His Brothers*）一書中所觀察的，上帝需要雅各（Jacob）夢境中的梯子，以作為前往天堂與人間的通道。人類的異象創造出這樣的梯子，並將訊息傳入人類的集體無意識。除此之外，任何「實用性」都是不需要的。

1　譯註：聖經約書亞記 6:2-6:5

參考文獻

Campbell, Joseph. *Myths to Live By.* New York: Viking Press, 1972.

———. *The Portable Jung.* New York: Viking Press, 1972.

Johnson, Robert A. *He: Understanding Masculine Psychology.* New York: Harper & Row, 1977.

———. *She: Understanding Feminine Psychology.* New York: Harper & Row, 1977.

———. *We: Understanding the Psychology of Romantic Love.* San Francisco: Harper & Row, 1983.

Jung, Carl Gustav. *Aion.* Translated by R. F. C. Hull. 9 C.W., Part II. Bollingen Series XX. Princeton: Princeton University Press, 1959.

———. *Archetypes of the Collective Unconscious.* 9 C.W., Part I. New York: Pantheon Books, 1959.

———. *Man and His Symbols.* Garden City, N.Y.: Doubleday, 1964.

———. *Memories, Dreams and Reflections.* New York: Pantheon Books, 1963.

Hall, James A. *Jungian Dream Interpretation: A Handbook of Theory and Practice.* Toronto: Inner City Books, 1983.

Hannah, Barbara. *Encounters With the Soul: Active Imagination as Developed by C. G. Jung.* Boston: Sigo Press, 1981.

Mattoon, Mary Ann. *Applied Dream Analysis: A Jungian Approach.* Washington, D.C.: V. H. Winston & Sons, 1978.

Neumann, Erich. *The Great Mother.* Translated by Ralph Manheim. Bollingen Series No. 47. Princeton: Princeton University Press, 1974.

Sanford, John A. *The Invisible Partners.* New York: Paulist Press, 1980.

———. *The Kingdom Within.* San Francisco: Harper & Row, Revised Edition, 1986.

Whitmont, Edward C. *The Symbolic Quest.* New York: G. P. Putnam's Sons, 1969; New York: Harper & Row, 1973.

關於作者

羅伯特·強森 Robert A. Johnson（1921-2018），美國榮格分析師、作家。生於奧勒岡州的波特蘭市。畢業於奧勒岡大學（University of Oregon）與史丹佛大學（Stanford University）。他的童年並不順遂，父母婚姻失敗，十一歲腿傷瀕死，並經歷神祕經驗。年輕的他有著無法排解的寂寞之苦，先後求教印度籍精神導師克里希那穆提（Jiddu Krishnamurti）與日本禪師鈴木大拙。1947年接受榮格分析師弗里茨·肯克爾（Fritz Künkel）的分析治療。

而後他前往瑞士蘇黎世榮格學院，在那裡，榮格憑著強森的夢境，給了他重要的人生方向：「……這是一次非凡的經歷。他告訴我，要和自己在一起，不要結婚，不要參與任何事情。他說『集體無意識將支持你』……」強森不僅心靈得到療癒，他還找到了工作——成為心理分析師。當時，榮格的太太艾瑪·榮格（Emma Jung）是他的主要分析師，在肯特爾（Künkel）、托尼·薩斯曼（Tony Sussman）的協助下，他完成分析師訓練，並於五〇年代初與海倫·盧克（Helen Luke）在洛杉磯建立分析機構。

六〇年代初期，強森結束執業，至密西根州聖格雷戈里修道院的三河修道院（St. Gregory's Abbey, Three Rivers）待了四年，1967年返回加州重啟心理治療的舊業。他曾於聖地牙哥的聖保祿教堂（St. Paul's Cathedral）講課，並與身兼美國聖公會牧師與榮格分析師約翰·桑福德（John A. Sanford）有密切的合作關係。

強森也將更多的關注轉向內在心靈，逐漸轉化了他的寂寞感。他體會到中世紀神祕術士所說的話：「寂寞的解方是孤獨（aloneness）。」因為孤獨，我們能更親近心靈，心靈豐厚了的他，感覺生命中彷彿有某種召喚，像是許多的細線（slender threads）在牽引，引領人走在使自己更完整的道途。

　　強森著迷於神話，擅長以神話故事演繹人類心理，他尤其喜歡十二世紀的神話，認為那是西方現代心靈的源頭，能從中檢視文化加諸我們的困境。1974 年一場於聖地牙哥聖保祿教堂，以十二世紀神話的解析男性心理的演講，被謄錄、編輯成《他：理解男性的心理學》（暫譯，*He: Understanding Masculine Psychology*）一書出版，開啟了強森百萬暢銷書作者的生涯，他陸續出版了《她：理解女性的心理學》（暫譯，*She: Understanding Feminine Psychology*）、《戀愛中的人：榮格觀點的愛情心理學》（*We: Understanding the Psychology of Romantic Love*）、《與內在對話：夢境・積極想像・自我轉化》（*Inner Work: Using Dreams and Active Imagination for Personal Growth*）、《擁抱自身陰影：理解心靈的黑暗面》（暫譯，*Owning Your Own Shadow: Understanding the Dark Side of the Psyche*）等十餘冊書。而他的傳記性作品《平衡天堂與人間：關於靈視、夢境與現實的回憶錄》（*Balancing Heaven and Earth: A Memoir of Visions, Dreams, and Realizations*）則揭露他迷人而神祕的個人生活，讓人看見他從十一歲瀕死經驗起的畢生靈性旅程，如何醞釀他強大而豐富的心靈世界。

　　榮格曾說，他的思想並非發明，只是再次示現古老的智慧；而強森，則擅長將此示現以詩意的行文，深入淺出地帶下專業講台，

帶到你我身邊，讓人們失落的靈魂將不知不覺得到滋養，受到鼓
舞，勇敢向心靈的鄉土前行。

延伸閱讀

- 《戀愛中的人：榮格觀點的愛情心理學》（2020），羅伯特・強森（Robert A. Johnson），心靈工坊。
- 《孤兒：從榮格觀點探討孤獨與完整》（2020），奧德麗・普內特（Audrey Punnet），心靈工坊。
- 《榮格的最後歲月：心靈煉金之旅》（2020），安妮拉・亞菲（Aniela Jaffé），心靈工坊。
- 《遇見榮格：1946-1961 談話記錄》（2019），愛德華・貝納特（E. A. Bennet），心靈工坊。
- 《夢與幽冥世界：神話、意象、靈魂》（2019），詹姆斯・希爾曼（James Hillman），心靈工坊。
- 《積極想像：與無意識對話，活得更自在》（2018），瑪塔・提巴迪（Marta Tibaldi），心靈工坊。
- 《夢，沉睡的療癒力：從解夢到自我追尋》（2018），李香盈，心靈工坊。
- 《永恆少年：從榮格觀點探討拒絕長大》（2018），瑪麗-路薏絲・馮・法蘭茲（Marie-Louise von Franz），心靈工坊。
- 《公主變成貓：從榮格觀點探索童話世界》（2018），瑪麗-路薏絲・馮・法蘭茲（Marie-Louise von Franz），心靈工坊。
- 《童話中的女性：從榮格觀點探索童話世界》（2018），瑪麗-路薏絲・馮・法蘭茲（Marie-Louise von Franz），心靈工坊。

- 《源氏物語與日本人：女性覺醒的故事》（2018），河合隼雄，心靈工坊。
- 《神話心理學：來自眾神的處方箋》（2018），河合隼雄，心靈工坊。
- 《公主走進黑森林：榮格取向的童話分析》（2017），呂旭亞，心靈工坊。
- 《附身：榮格的比較心靈解剖學》（2017），奎格‧史蒂芬森（Craig E. Stephenson），心靈工坊。
- 《紅書：讀者版》（2016），卡爾‧榮格（C. G. Jung），心靈工坊。
- 《解讀童話：從榮格觀點探索童話世界》（2016），瑪麗-路薏絲‧馮‧法蘭茲（Marie-Louise von Franz），心靈工坊。
- 《靈性之旅：追尋失落的靈魂》（2015），莫瑞‧史丹（Murray Stein），心靈工坊。
- 《纏足幽靈：從榮格心理分析看女性的自性追尋》（2015），馬思恩（Shirley See Yan Ma），心靈工坊。
- 《英雄之旅：個體化原則概論》（2012），莫瑞‧史丹（Murray Stein），心靈工坊。
- 《榮格人格類型》（2012），達瑞爾‧夏普（Daryl Sharp），心靈工坊。
- 《榮格解夢書》（2006），詹姆斯‧霍爾博士（James A. Hall, M.D.），心靈工坊。
- 《榮格自傳：回憶‧夢‧省思》（2014），卡爾‧榮格（C. G. Jung），張老師文化。

PsychoAlchemy 026

與內在對話：夢境‧積極想像‧自我轉化
Inner Work: Using Dreams and Active Imagination for Personal Growth

羅伯特‧強森（Robert A. Johnson）——作者
徐碧貞——譯者

出版者—心靈工坊文化事業股份有限公司
發行人—王浩威　總編輯—徐嘉俊
特約編輯—周旻君　責任編輯—饒美君
封面設計—羅文岑　內頁排版—龍虎電腦排版公司
通訊地址—10684 台北市大安區信義路四段 53 巷 8 號 2 樓
郵政劃撥—19546215　戶名—心靈工坊文化事業股份有限公司
電話—（02）2702-9186　傳真—（02）2702-9286
Email—service@psygarden.com.tw　網址—www.psygarden.com.tw

製版‧印刷—中茂分色製版印刷股份有限公司
總經銷—大和書報圖書股份有限公司
電話—（02）8990-2588　傳真—（02）2290-1658
通訊地址—248 新北市新莊區五工五路二號
初版一刷—2021 年 1 月　初版三刷—2024 年 7 月
ISBN—978-986-357-202-2　定價—520 元

Inner Work by Robert A. Johnson
Copyright © 1986 by Robert A. Johnson
Complex Chinese Translation copyright © 2021
by PsyGarden Publishing Co.
Published by arrangement with HarperCollins Publishers, USA
through Bardon-Chinese Media Agency
博達著作權代理有限公司
ALL RIGHTS RESERVED

國家圖書館出版品預行編目資料

與內在對話：夢境.積極想像.自我轉化 / 羅伯特‧強森著；徐碧貞譯.
-- 初版 . -- 臺北市：心靈工坊文化事業股份有限公司 , 2021.01
面；　公分
譯自：Inner work : using dreams and active imagination for personal growth
ISBN 978-986-357-202-2(平裝)

1. 分析心理學 2. 無意識 3. 夢 4. 想像

170.181　　　　　　　　　　　　　　　　　　　109021631

心靈工坊 書香家族 讀友卡

感謝您購買心靈工坊的叢書，為了加強對您的服務，請您詳填本卡，
直接投入郵筒（免貼郵票）或傳真，我們會珍視您的意見，
並提供您最新的活動訊息，共同以書會友，追求身心靈的創意與成長。

書系編號—PsychoAlchemy 026   書名—與內在對話：夢境·積極想像·自我轉化

姓名 _____   是否已加入書香家族？ □是 □現在加入

電話 (O)   (H)   手機

E-mail   生日   年   月   日

地址 □□□

服務機構   職稱

您的性別—□1.女 □2.男 □3.其他

婚姻狀況—□1.未婚 □2.已婚 □3.離婚 □4.不婚 □5.同志 □6.喪偶 □7.分居

請問您如何得知這本書？
□1.書店 □2.報章雜誌 □3.廣播電視 □4.親友推介 □5.心靈工坊書訊
□6.廣告DM □7.心靈工坊網站 □8.其他網路媒體 □9.其他

您購買本書的方式？
□1.書店 □2.劃撥郵購 □3.團體訂購 □4.網路訂購 □5.其他

您對本書的意見？
□ 封面設計   1.須再改進 2.尚可 3.滿意 4.非常滿意
□ 版面編排   1.須再改進 2.尚可 3.滿意 4.非常滿意
□ 內容   1.須再改進 2.尚可 3.滿意 4.非常滿意
□ 文筆／翻譯   1.須再改進 2.尚可 3.滿意 4.非常滿意
□ 價格   1.須再改進 2.尚可 3.滿意 4.非常滿意

您對我們有何建議？

_____

_____

廣　告　回　信
台 北 郵 政 登 記 證
台北廣字第1143號
免　貼　郵　票

10684台北市信義路四段53巷8號2樓

讀者服務組　收

免　貼　郵　票

（對折線）

加入心靈工坊書香家族會員
共享知識的盛宴，成長的喜悅

請寄回這張回函卡（免貼郵票），
您就成為心靈工坊的書香家族會員，您將可以——

⊙隨時收到新書出版和活動訊息

⊙獲得各項回饋和優惠方案